CICÉRON

DE LA NATURE DES DIEUX

LIVRE DEUXIÈME

ALLIANCE DES MAISONS D'ÉDUCATION CHRÉTIENNE

CICÉRON

DE LA NATURE DES DIEUX

LIVRE DEUXIÈME

TRADUCTION FRANÇAISE CORRECTE

PAR M. L'ABBÉ P. RODILLON

Ancien Élève de l'École des Carmes,
Licencié ès lettres,
Ancien Supérieur du Petit Séminaire de Crest.

PARIS

LIBRAIRIE POUSSIELGUE FRÈRES

RUE CASSETTE, 15

1886

M. T. CICÉRON

DE LA NATURE DES DIEUX

LIVRE SECOND

INTRODUCTION

I. — Réflexions échangées entre les personnages du dialogue.
— Balbus expose et divise le sujet qu'il va traiter.

1. — Lorsque Cotta eut achevé sa réfutation, Velléius reprit : Quelle imprudence d'avoir entrepris de lutter avec un Académicien qui se trouve en même temps un orateur consommé! Un Académicien sans éloquence ne m'eût inspiré aucune crainte: et sans les perfides secours de cette philosophie, un orateur, même éloquent, ne m'eût point effrayé. Les flots d'une parole creuse ne m'émeuvent point et je ne redoute pas une pensée profonde si le discours est sec. Mais vous, Cotta, vous avez été supérieur à ce double point de vue : il vous manquait seulement l'auditoire et les juges. — Au reste, nous en parlerons une autre fois : pour le moment, écoutons Lucilius, s'il n'en est point incommodé.

2. — J'aimerais bien mieux, répondit Balbus, continuer à écouter Cotta et le laisser, avec cette même éloquence qui fit disparaître les faux dieux, nous montrer quels sont les vrais. Il est digne, en effet, du philosophe et du pontife; il est digne de Cotta d'avoir sur les dieux immortels, non pas l'opinion flottante et vague des Académiciens, mais le jugement solidement assis et nettement arrêté de nos Stoïciens. Épicure a été surabondamment réfuté : mais je serais enchanté, Cotta, d'entendre votre sentiment personnel. — Avez-vous oublié, reprit Cotta, ce que j'ai dit en commençant? Sur ces matières, en particulier, il

1

m'est plus facile de réfuter l'opinion des autres, que d'exposer mon propre sentiment.

3. — D'ailleurs lors même que j'aurais à dire quelque chose de convaincant, je désirerais encore vous entendre à votre tour, après avoir moi-même parlé si longtemps. — Eh bien, dit Balbus, je ferai donc à votre convenance; du reste, je traiterai la question le plus brièvement possible, car la réfutation des erreurs d'Épicure décharge mon discours d'une longue partie de la discussion.

Nos philosophes stoïciens divisent donc en quatre parties toute cette étude sur les dieux immortels. Ils commencent d'abord par prouver qu'il y a des dieux; ils disent ensuite quels ils sont: puis ils établissent que ces dieux gouvernent le monde : enfin, qu'ils veillent sur les choses humaines.

Je ne traiterai dans cet entretien, que les deux premières parties : quant à la troisième et à la quatrième qui exigent de longs développements, je crois devoir les remettre à plus tard. — Mais point du tout, dit Cotta; nous avons du loisir; et d'ailleurs, les questions agitées sont d'une telle importance, qu'elles devraient passer même avant les affaires.

PREMIÈRE PARTIE

(II-XVI) — EXISTENCE DES DIEUX

II. — L'existence des dieux n'a pas besoin d'être démontrée :
le spectacle des cieux, — la foi constante du genre humain,
— et l'intervention directe des dieux dans les grands événements de l'histoire romaine, en sont des preuves irrécu-
sables.

4. — Les preuves de la première partie, dit alors Lucilius, ne me paraissent pas même avoir besoin d'être développées. N'est-il pas en effet de la plus claire évidence
pour quiconque a jamais levé les yeux vers le ciel et en a
contemplé les merveilles, qu'il existe un Esprit souverainement parfait dont la volonté les gouverne et les règle?
S'il en était autrement, Ennius aurait-il pu dire sans
soulever aucune contradiction :

> Vois ce brillant éther
> Que nous invoquons tous et nommons Jupiter [1].

Et ce Jupiter même, aurait-il pu l'appeler le maître du
monde; celui dont un signe est la règle pour tout : le
père, des dieux et des hommes, comme il dit encore;
enfin, le dieu présent partout et dont la puissance est
au-dessus de tout? Si quelqu'un pouvait douter de cette
vérité, je ne comprends pas, vraiment, pourquoi il ne
douterait pas, avec la même raison, de l'existence du soleil. Entre ces deux faits, je ne vois pas que l'un soit plus
évident que l'autre.

5. — Si ces notions n'étaient point nées avec notre esprit, si elles avaient pris de lui une possession moins complète, il n'en résulterait pas une persuasion si ferme : la
longueur du temps ne l'aurait pas fortifiée, elle n'aurait

1. Traduction de l'abbé d'Olivet.

pu résister à l'épreuve des siècles et les générations suc-
cessives l'auraient affaiblie chez les hommes. Nous voyons,
en effet, les autres fictions, les croyances frivoles, s'éva-
nouir avec le temps. Qui de nos jours, par exemple, croit
à l'existence des Hippocentaures ou de la Chimère? Où
trouver une femme dont la vieillesse ait assez voilé l'esprit pour redouter encore les monstres que l'on se figurait
autrefois dans les enfers? Le temps détruit les opinions
mensongères : il confirme les jugements de la nature.
Voilà pourquoi chez nous et chez les autres peuples, le
culte des dieux et les pratiques vénérables de la religion
grandissent et s'épurent de jour en jour.

6. Or, ce résultat n'est point le fruit du caprice et du
hasard, mais on le doit à la présence même des dieux qui
manifestent souvent leur puissance. Ainsi, pendant le
combat livré contre les Latins sur les bords du lac Régille,
et au moment où le dictateur Postumius était à Tus-
culum aux prises avec Octavius Mamilius, on vit Castor
et Pollux à cheval, prendre part à la lutte au milieu des
rangs de notre armée. A une époque moins éloignée, ces
mêmes Tyndarides annoncèrent la défaite de Persée. Vatinius, en effet, l'aïeul du jeune homme que nous connaissons tous, revenait pendant la nuit de sa préfecture de
Riète à Rome, lorsque deux jeunes gens, montés sur des
chevaux blancs, lui dirent que Persée avait été pris ce
jour-là même. Vatinius annonça cette nouvelle au Sénat
qui, tout d'abord, l'accusa d'avoir parlé témérairement
sur une affaire d'État, et le fit jeter en prison. Mais après
avoir lu les lettres de Paulus, on trouva que les jours con-
cordaient et Vatinius reçut du Sénat un champ et les pri-
vilèges de la *Vacatio*. On raconte encore que les troupes
de Locres ayant défait les Crotoniates sur les bords de la
Sagra, le bruit de cet heureux combat se répandit le jour
même à Olympie où l'on célébrait les jeux. Souvent aussi
les Faunes ont fait entendre leur voix ; souvent les dieux
ont apparu sous des formes visibles et contraint les
hommes à confesser leur présence à moins d'être stupide
ou impie.

III. — La prédiction et le pressentiment de l'avenir prouvent
l'existence des dieux; — Cicéron emprunte des exemples à
l'histoire du peuple romain et à celle des peuples étrangers.

7. Les prédictions et les pressentiments que prouvent-
ils autre chose, sinon que l'avenir peut se dévoiler aux
hommes dans certains faits extraordinaires, dans des
malheurs présents ou clairement annoncés? de là nos
expressions de signes, de merveilles, de malheurs et de
prodiges. Et d'ailleurs, quand on attribuerait aux fictions et aux libertés de la fable ce qui est raconté de
Mopsus, de Tirésias, d'Amphiaraüs et de Calchas, — personnages que la fable elle-même n'eût pas rangés parmi
les Augures, si pareille croyance n'avait aucun fonds de
vérité, — nos exemples domestiques ne suffiraient-ils
pas pour nous instruire et faire éclater à nos yeux la
puissance divine? Resterions-nous complètement insen-
sibles devant la témérité que montra P. Claudius dans la
première guerre punique? Comme les poulets sacrés
sortis de leur cage ne voulaient pas manger, Claudius les
fit plonger dans l'eau et dit en se moquant des dieux:
« Qu'ils boivent, puisqu'ils ne veulent pas manger!. »
Plaisanterie qui coûta bien des larmes à son auteur et fut
pour le peuple romain la cause d'un immense désastre.
Et son collègue Junius, n'a-t-il pas, dans la même guerre,
perdu sa flotte au milieu d'une tempête, pour n'avoir
point obéi aux avertissements des Auspices? Aussi, le
premier fut condamné par le peuple, et le second se
donna lui-même la mort.

8. Nous lisons dans l'histoire de Célius, que C. Flami-
nius, pour avoir négligé les observances de la religion
succomba près du lac de Trasimène et infligea par sa défaite un coup terrible à la République. La fin malheureuse
de ces personnages nous permet de conclure que c'est au
gouvernement des fidèles serviteurs de la religion qu'il
faut attribuer l'accroissement de l'État; et si nous voulons comparer notre propre histoire avec celle des peuples
étrangers, nous pourrons en tout le reste leur paraître

égaux ou même inférieurs, mais au point de vue de la religion ou du culte des dieux, nous gardons sur eux une grande supériorité.

9. Faudrait-il nous moquer aussi d'Attius Navius et de son bâton augural qui lui servit à déterminer les quatre régions de sa vigne et à retrouver son pourceau ? Peut-être ; mais cependant c'est à la faveur de cet augure que le roi Tullus Hostilius remporta ses plus grandes victoires. Cependant nous voyons maintenant la noblesse négliger la science des Augures ; on méprise aujourd'hui la vérité des Auspices, on n'en retient plus que la forme. Les affaires les plus graves de la République, les guerres auxquelles est attaché le salut de l'État, sont dirigées sans auspices ; plus d'auspices au passage des fleuves, plus d'auspices par les pointes des lances ; plus d'auspices au moment de la bataille ; par conséquent, plus de testaments dictés dans l'appareil même du combat ; tout a péri. Nos chefs ont maintenant le commandement des armées, quand ils n'ont plus le droit de prendre les auspices.

10. Chez nos pères, au contraire, la religion eut une telle puissance qu'on vit les généraux eux-mêmes, la tête voilée et prononçant les formules sacrées, se dévouer aux dieux pour le salut de l'État. Il me serait facile de rappeler ici de nombreux souvenirs sur les oracles Sibyllins, une foule d'observations sur des réponses d'Haruspices, et de confirmer ainsi des faits que personne jamais n'eût le droit de révoquer en doute.

IV. — L'existence des dieux prouvée par l'institution des Augures et des Haruspices.

D'ailleurs, la science de nos Augures et des Haruspices d'Étrurie reçut des événements eux-mêmes une confirmation éclatante, sous le consulat de P. Scipion et de C. Figulus. — Tibérius Gracchus, consul pour la seconde fois, procédait à leur élection ; le premier scrutateur mourut subitement à l'endroit et à l'instant même où il apportait les noms des élus. Gracchus fit néanmoins achever les comices; mais s'apercevant que le peuple éprouvait des scrupules, il en référa au Sénat. Le Sénat décréta qu'on renverrait l'affaire à qui de droit. On introduisit donc les Haruspices qui déclarèrent irrégulier le magistrat qui avait convoqué les comices.

11. Gracchus, comme je l'entendis plus tard raconter par mon père, s'écria, transporté de colère : « Vraiment! « Je ne suis pas régulier! moi qui ai fait les convocations « comme consul, comme augure et après d'heureux aus- « pices! Et vous, barbares Toscans, connaissez-vous les « auspices du peuple romain et pouvez-vous interpréter « la loi sur les comices? » — Et il leur ordonna de sortir à l'instant. Cependant, quelque temps après, il écrivit de sa province au collège des Augures, qu'en lisant les ri- tuels, il s'était souvenu d'avoir commis une faute, en dressant la tente dans les jardins de Scipion ; qu'ayant franchi le Pomœrium pour convoquer le Sénat, il avait oublié, à son retour, en le franchissant de nouveau, de prendre une seconde fois les Auspices et que, par consé- quent, il y avait un vice dans la création des consuls. Les Augures portèrent l'affaire au Sénat; le Sénat arrêta que les consuls devaient abdiquer : ils abdiquèrent. Faut-il chercher un plus illustre exemple? un homme d'une sagesse consommée, le plus distingué peut être, de ceux dont nous ayons gardé le souvenir ne veut pas laisser un scrupule s'attacher à l'État, et il préfère avouer une faute qu'il pouvait cacher; les consuls déposent sur le champ le souverain pouvoir plutôt que de le conserver un seul instant contre l'ordre de la religion.

12. Voilà donc quelle était l'autorité des Augures. Et l'art des Haruspices n'est-il pas divin? Et en voyant des faits innombrables de ce genre, n'est-on pas contraint de confesser l'existence des dieux? Ceux dont-il existe des interprètes, doivent nécessairement exister eux-mêmes ; or, les dieux ont des interprètes; il faut donc admettre que les dieux existent aussi. On objectera peut-être que toutes les prédictions ne s'accomplissent pas. — Parce

que tous les malades ne reviennent pas à la santé, faut-il
conclure que l'art de la médecine est illusoire ? Les dieux
nous montrent par des signes les événements futurs ; si
les hommes s'y trompent, ce n'est point la nature des
dieux, c'est l'interprétation des hommes qui est en dé-
faut. Aussi, tous les hommes, à quelque nation qu'ils
appartiennent, sont invariables sur un point fondamental ; c'est une croyance innée et comme gravée dans
leur âme : qu'il y a des dieux. Sur leur nature, les opinions varient : sur leur existence, tout le monde est d'accord.

V. — La connaissance des dieux est imprimée dans nos âmes.
Le philosophe Cléanthe donne de ce fait quatre raisons.

13. Cléanthe, un de nos philosophes stoïciens, attribue
à quatre impressions différentes la formation de l'idée
des dieux dans notre âme. Il regarde comme étant la
première celle dont je viens de parler et qui a son origine dans le pressentiment de l'avenir ; il place la seconde dans les grands avantages que nous procurent la
température de l'air, la fécondité de la terre et cette
abondance extraordinaire de choses utiles et agréables.

14. Les fondements de la troisième sont les terreurs
qu'inspirent à notre âme la foudre, les tempêtes, les
orages, les neiges, la grêle, les désastres, la peste, les
tremblements de terre, les bruits souterrains, les pluies
de pierres et les pluies de sang. Ajoutons encore d'une
part, la chute des rochers et les abîmes qui entr'ouvrent
subitement la terre ; d'autre part, les prodiges contre
nature observés chez les hommes et chez les animaux ;
ces torches ardentes que l'on voit dans les cieux : ces
astres auxquels les Grecs donnent le nom de comètes et
que nous appelons chevelus, et qui, tout dernièrement,
pendant la guerre d'Octavius, nous présagèrent de si
horribles malheurs : enfin deux soleils, comme il en
parut, — je le tiens de mon père, — sous le consulat de
Tuditanus et d'Aquilius, l'année même où s'éteignit un

autre soleil, Scipion l'Africain. Tous ces phénomènes, en effrayant les hommes, leur ont fait soupçonner qu'il existe une puissance céleste et divine.

15. La quatrième source, et de beaucoup la plus importante, c'est le mouvement régulier et l'exacte révolution des corps célestes ; la distinction, la variété, la beauté, l'arrangement du soleil, de la lune et de tous les astres. C'est assez de voir toutes ces choses pour juger qu'elles ne sont point le fruit du hasard. Si l'on entre dans une maison, dans un gymnase, ou dans un forum et que l'on y voie tout disposé avec méthode, avec ordre et discipline, peut-on conclure que tout cet arrangement n'ait point de cause ? au contraire, ne comprend-on pas clairement qu'il y a une intelligence qui préside à tout, une intelligence à qui tout obéit ? Ainsi, et à plus forte raison, à la vue de mouvements si extraordinaires et de si grandes vicissitudes, en face de tant de choses merveilleuses maintenues avec un ordre si constant que depuis une suite immense et presque infinie de siècles, rien ne s'y démentit jamais, sera-t-on forcé d'admettre qu'une intelligence suprême dirige dans la nature une marche si parfaite.

VI. — Témoignage de Chrysippe. — Une nature plus parfaite que celle de l'homme, — l'ordre de l'univers, — l'existence de l'âme humaine, prouvent qu'il y a des dieux.

16. Chrysippe lui-même, quelle que soit la pénétration de son esprit, s'exprime de telle façon sur ce sujet, qu'il paraît nous livrer les révélations de la nature, plutôt que le fruit de ses découvertes personnelles. « En effet, dit-il, « s'il est dans la nature, des choses que l'esprit de l'homme, « sa raison, sa force et sa puissance ne puissent produire, l'être qui les produit est sans contredit supérieur « à l'homme. Or, ni les corps célestes, ni ceux qui sont « soumis à un ordre éternel, ne peuvent avoir l'homme « pour auteur. L'être qui les produit est donc supérieur à « l'homme. Et quel nom plus exact pourrait-on lui donner « que le nom même de Dieu ? Si, d'autre part, les dieux

« n'existent point, où trouver dans l'univers un être plus
« parfait que l'homme, seul être jouissant de la raison,
« qui est ce qu'on peut concevoir de plus excellent. Mais
« ce serait à l'homme une absurde arrogance d'estimer le
« monde entier inférieur à lui-même ; il y a donc quelque
« chose au-dessus de l'homme, et par conséquent, il existe
« un Dieu. »

17. En voyant une grande et belle maison, vous ne vous
laisserez jamais persuader, quoique vous n'en aperceviez
pas le maître, qu'elle a été bâtie pour les rats et les be-
lettes. Or, l'univers avec tant d'admirables ornements, la
multitude et la beauté des corps célestes, la masse
énorme et l'immense étendue de la terre et des mers,
pourrez-vous croire sans paraître fou que tout cela soit
votre propre séjour et non celui des dieux immortels ? Ne
comprenons-nous pas aussi que les parties les plus
élevées, sont en même temps plus pures, et que la terre
étant la plus basse est baignée dans l'air le plus épais.
Pour cette même raison, ce que nous voyons arriver dans
certains pays et dans certaines villes où l'esprit des habitants est plus lourd parce que l'air y est plus épais, doit
se remarquer aussi dans le genre humain tout entier,
puisqu'il est placé sur la terre, c'est-à-dire dans la région
du monde où l'air est le plus lourd.

18. Et cependant la sagacité de l'homme nous oblige à
reconnaître en lui, non-seulement une intelligence
bornée, mais un esprit subtil et divin. D'où l'homme se
l'est-il approprié ? comme dit Socrate dans Xénophon. Si
l'on nous demande d'où viennent l'humidité et la chaleur
répandues dans notre corps ; d'où nous vient la partie
solide et comme terrestre de notre organisation ; d'où
nous vient enfin ce souffle qui nous anime, nous dirons
que l'une nous vient de l'eau, l'autre de la terre, le troisième du feu, et le dernier de l'air que nous respirons.

VII. — Le monde étant plus parfait que l'homme, on doit trouver en lui, à un degré plus parfait, ce qu'on trouve de plus parfait dans l'homme.

Mais ce don qui l'emporte sur tout, — je veux dire la raison, ou si l'on préfère la définir par plusieurs termes, la délicatesse et la finesse de l'esprit, la faculté de délibérer, la puissance de réfléchir, la faculté de prévoir et de combiner, — où l'avons-nous trouvé ? à quelle source l'avons-nous puisé ? Quoi ! le monde aura tout le reste, et cette faculté seule qui est la plus précieuse des prérogatives, il en sera privé ! car il n'y a rien dans l'univers entier de meilleur que le monde ; rien ne lui est préférable et rien n'est plus beau ; non-seulement rien n'est au-dessus de lui, mais l'esprit lui-même ne peut rien concevoir de mieux. Or. si d'une part, la raison et la sagesse sont ce qu'il y a de meilleur, il faut nécessairement qu'elles se trouvent dans le monde, puisque nous avouons d'autre part, que le monde est parfait.

19. Et quoi ? cet accord unanime des choses; cette harmonieuse conspiration vers un but unique; cette parenté si étroite des êtres ne forcent-ils pas tout esprit raisonnable à reconnaître la vérité de mes paroles ? La terre, sans cela, pourrait-elle tour à tour se couvrir de fleurs pendant une saison, et d'horribles frimas pendant une autre ? et au milieu des changements successifs de l'univers lui-même, verrions-nous constamment le soleil se rapprocher de nous aux solstices d'hiver ou s'en éloigner aux solstices d'été ? Verrions-nous le flux ou le reflux de la mer et les détroits eux-mêmes suivre dans leur mouvement le lever ou le coucher de la lune ? Verrions-nous dans la révolution du ciel tout entier, les astres conserver cependant la constance de leurs mouvements inégaux ? Cet harmonieux concert entre toutes les parties de l'univers ne pourrait certainement exister si elles n'étaient constamment animées et liées entre elles par le même esprit de vie.

20. Ces vérités développées avec plus d'abondance et

d'éclat, comme j'ai l'intention de le faire, échappent plus
facilement aux attaques sophistiques des Académiciens ;
resserrées, comme le faisait Zénon, dans des formules
plus précises mais plus étroites, elles sont aussi plus ouvertes à la critique. De même, en effet, que dans un
fleuve qui coule à pleins bords, l'eau ne se corrompt
point ou ne s'altère qu'à peine, tandis qu'elle se gâte
promptement si elle est renfermée ; ainsi, le flot de la
parole emporte les critiques du censeur, tandis que la
barrière d'un style trop concis, n'est qu'une faible défense.

VIII. — Résumé des arguments précédents sous la forme
    serrée et concise de Zénon.

21. Ce que je développe ici d'une manière plus large,
Zénon le présentait donc sous cette forme serrée. « Ce
« qui raisonne est meilleur que ce qui ne raisonne pas ;
« or, il n'y a rien de meilleur que le monde ; donc le
« monde raisonne. » — On peut démontrer de la même
façon que le monde est sage ; qu'il est heureux ; qu'il est
éternel. Tous les êtres, en effet, qui possèdent ces qualités sont supérieurs à ceux qui en manquent ; or, le
monde est supérieur à tout ; il suit donc de là que le
monde est dieu.

22. Zénon établit encore la même thèse de la manière
suivante : « Aucune partie d'un être insensible ne peut
« être sensible : or, le monde a des parties douées de
« sensibilité ; donc le monde lui-même n'est pas privé de
« sensibilité. »

Il va plus loin et argumente d'une manière plus pres-
sante : « Rien d'inanimé et d'irraisonnable ne peut pro-
« duire un être animé et raisonnable ; or le monde
« produit des êtres animés et raisonnables ; donc le
« monde est animé et raisonnable. » — Le même philosophe conclut ensuite, à son ordinaire, par la compa-
raison suivante : « Si d'un olivier naissaient des flûtes
« rendant un son mélodieux, hésiteriez-vous à recon-

« naître dans l'olivier l'art d'un joueur de flûte ? Et que
« diriez-vous si les platanes portaient de petites cordes
« faisant entendre des sons harmonieux et cadencés?
« Vous penseriez de même que les platanes savent la
« musique. Pourquoi donc ne pas juger que le monde
« est animé et sage, puisqu'il produit de lui-même des
« êtres animés et sages ? »

IX. — La chaleur est le principe et le lien du monde.

23. Mais puisque j'ai commencé à conduire la discussion autrement que je ne l'avais indiqué au début (j'avais
dit, en effet, que cette première partie n'avait pas besoin
de démonstration, puisqu'il est évident pour tout le
monde que les dieux existent), je veux encore fortifier
ma thèse par des arguments tirés de l'ordre physique. —
L'ordre de la nature est tel que tous les êtres qui se
nourrissent et qui croissent, ont en eux un principe de
chaleur sans lequel ils ne pourraient ni se nourrir ni
croître. En effet, tout ce qui est chaud, tout ce qui est de
la nature du feu, se meut et agit de son mouvement
propre; or, tout ce qui croît et se nourrit, est doué d'un
mouvement constant et régulier. Tant que ce mouvement
se conserve en nous, la vie et la sensibilité s'y conservent
aussi; mais si la chaleur diminue et s'éteint, nous nous
éteignons nous-mêmes et nous mourons.

24. Cléanthe montre encore par les raisonnements sui-
vants combien puissante est dans les corps l'action de la
chaleur. Il affirme qu'il n'existe aucun aliment si lourd,
dont la coction ne s'opère dans l'espace d'un jour et
d'une nuit; dans les restes eux-mêmes que rejette la nature, on constate encore l'existence de la chaleur. De
plus, le battement des veines et des artères est une
espèce de scintillation; on dirait le mouvement de la
flamme et on a remarqué souvent dans le cœur d'un
animal, lorsqu'il vient d'être arraché, des palpitations si
vives qu'elles ressemblent au mouvement rapide observé
dans le feu. Donc, tout ce qui est vivant, que ce soit un

animal, ou que ce soit un végétal, doit la vie à ce principe de chaleur qu'il renferme en soi ; d'où il faut conclure que le principe vital répandu dans tout l'univers, n'est autre que la chaleur.

25. Nous le verrons plus aisément lorsque j'aurai expliqué dans le détail la nature intime de ce feu particulier qui pénètre tous les êtres. — Je dis donc que toutes les parties de l'univers (et je ne veux toucher ici qu'aux principales) sont soutenues et vivifiées par le feu. On peut tout d'abord le voir clairement à l'égard de la terre. Du choc et du broiement des pierres nous voyons, en effet, jaillir le feu ; la terre fraîchement creusée fume parce qu'elle est chaude et enfin l'eau que l'on tire des puits alimentés par une source est tiède. Ce phénomène se remarque surtout pendant l'hiver ; car la chaleur, toujours plus intense dans les profondeurs de la terre, reçoit encore pendant l'hiver un plus grand accroissement, parce que, la terre étant plus resserrée pendant cette saison, garde plus exactement la chaleur qu'elle renferme.

X. — La chaleur est dans l'eau ; — elle est aussi dans l'air.

26. On pourrait faire un long discours en indiquant les raisons nombreuses qui établissent le fait suivant : tous les germes que la terre reçoit dans son sein ; tous ceux qui, fixés à la plante, se forment d'eux-mêmes, doivent à une juste distribution de la chaleur, la naissance et l'accroissement.

La chaleur se trouve mêlée à l'eau elle-même ; la liquidité et la fluidité de ce corps en sont la première preuve. L'eau, en effet, ne deviendrait pas de la glace par l'action du froid ; la neige et les frimas ne la durciraient point si, grâce à la présence de la chaleur, ses éléments désagrégés et liquéfiés ne pouvaient se répandre. Voilà pourquoi les vents du nord et les autres agents du froid durcissent l'eau, et pourquoi, sous l'influence de la chaleur, elle s'amollit de nouveau, fond et devient tiède. Le mers

elles-mêmes agitées par les vents tiédissent, ce qui rend
facile à constater dans ces vastes masses liquides l'existence d'une chaleur cachée. Car il ne faut pas attribuer
à une action étrangère, à une cause accidentelle, cette
élévation de température; mais elle est développée
par l'agitation des parties profondes de la mer. C'est
l'effet qui se produit aussi dans notre propre corps
qui s'échauffe par l'exercice et par le mouvement.
L'air lui-même, quoiqu'il soit de sa nature le plus
froid des éléments, n'est point privé d'une certaine
chaleur : elle s'y trouve, au contraire, mêlée dans une
grande proportion.

27. L'air, en effet, est dû à l'évaporation de l'eau ; on
peut même dire qu'il n'est autre chose que cette vapeur.
Or, c'est le mouvement de la chaleur intérieure de l'eau
qui produit la vapeur : l'action du feu qui fait bouillir les
liquides est un effet analogue de la même force. Quant
au quatrième élément du monde, il est de sa nature tout
de feu et c'est lui qui communique à tous les êtres la chaleur salutaire et vitale.

28. On conclut de là que toutes les parties de l'univers
étant soutenues par la chaleur, c'est ce même principe
qui est pour l'univers tout entier, la source de la conservation et de la durée. Cette conclusion est d'autant plus
rigoureuse que ce principe de chaleur est répandu dans
la nature entière de telle façon qu'il faut reconnaître en
lui la puissance de procréation, la cause génératrice à qui
les animaux et les plantes qui vivent de la terre, doivent
la naissance et l'accroissement.

XI. — Il y a une force douée de sens et de raison qui régit
le monde et en relie entre elles les diverses parties; on
conclut de là que le monde est divin.

29. Il y a donc un élément qui pénètre et soutient tout
l'univers; et ce principe n'est dépourvu ni de sensibilité
ni de raison. Tout être, en effet, qui n'est pas une substance indépendante et simple, mais qui se trouve jointe

et liée à autre chose, doit avoir en soi une partie domi-
nante : dans l'homme, c'est l'esprit ; dans l'animal, c'est
quelque chose qui ressemble à l'esprit et qui est la cause
des appétits. Dans les arbres et dans tout ce qui est produit par la terre, c'est la racine que l'on croit être la
partie dirigeante. J'appelle principe dominant et dirigeant ce que les Grecs nomment ἡγεμονικόν ; ce principe
est tel que pour une classe d'êtres déterminés, il peut et
doit être supérieur à tout. Ainsi dans la nature entière :
son principe dominant doit être nécessairement le plus
parfait parmi tous les êtres et le plus digne d'exercer ce
pouvoir et cette direction souveraine.

30. Or, dans les diverses parties du monde, — et dans
le monde entier tout être constitue une partie de l'univers, — nous voyons éclater la sensibilité et la raison. La
partie où réside le principe dominant doit donc non seulement posséder ces qualités, mais les avoir plus développées et à un degré supérieur. Par conséquent, il faut
que le monde ait la sagesse, et l'être qui embrasse tous
les êtres doit avoir en soi toute la perfection et l'excellence de la raison : ainsi le monde est dieu et la nature
active du monde n'est autre que la nature divine. Aussi,
le feu qui l'anime est-il beaucoup plus pur, beaucoup plus
clair, beaucoup plus pénétrant et, à cause de toutes ces
qualités, beaucoup plus apte à émouvoir les sens que
notre feu d'ici-bas, vivificateur et soutien des êtres que
nous connaissons.

31. Puisque les hommes et les animaux sont animés
par ce feu terrestre et qu'ils jouissent, grâce à lui, de la
sensibilité et du mouvement, il serait absurde de dire que
le monde lui-même est privé de sensibilité, lui qui est
pénétré par un feu sans mélange, pur et libre, et possé-
dant au suprême degré, l'activité et le mouvement. On le
comprendra surtout, si l'on observe que ce feu spécial au
monde, ne reçoit aucune impulsion étrangère mais est à
lui-même la cause de son agitation et trouve dans sa
propre spontanéité le principe de son mouvement. Et, en
effet, quelle autre force plus puissante que celle du monde

pourrait soumettre à son impulsion la chaleur même qui
le fait subsister et lui sert de moteur?

XII. — D'après Platon, il n'appartient qu'aux esprits de se
mouvoir eux-mêmes sans une impulsion étrangère; le
monde se meut lui-même : il est donc un esprit; — il est
donc aussi intelligent et sage, ce qui se manifeste dans tous
les êtres qui le composent.

33. Écoutons à ce sujet Platon qui est, pour ainsi dire,
le dieu des philosophes. Il distingue dans les êtres deux
espèces de mouvement, l'un propre et l'autre étranger;
et ce qui se meut par soi-même est d'une nature plus
divine que ce qui est mû par une impulsion du dehors.
Or, Platon ne reconnaît qu'aux esprits le mouvement
spontané et c'est d'eux, pense-t-il, que tout ce qui se
meut reçoit le principe du mouvement. Ainsi, puisque
tout mouvement vient de l'éther qui anime le monde et
que l'éther lui-même est mû, non par une impulsion
étrangère, mais par sa propre vertu, l'éther doit être
nécessairement un esprit : la conclusion est que le monde
est animé. Le fait que le monde est d'une nature supérieure à tout ce qui existe, suffit aussi pour faire comprendre qu'il jouit de l'intelligence. De même, en effet,
qu'il n'y a aucune partie de notre corps qui ne soit moindre que notre personne entière, de même, il est évident
qu'une partie quelconque de l'univers ne saurait être
équivalente à l'univers tout entier. S'il en est ainsi, le
monde doit avoir la sagesse ; autrement, l'homme, partie de l'univers, serait, parce qu'il jouit de la raison, supérieur au monde entier.

33. Et maintenant, si des êtres à organisation primitive
et pour ainsi dire ébauchée, nous nous élevons jusqu'aux
êtres supérieurs et parfaits, nous arriverons nécessairement aux dieux. Au premier degré des êtres sustentés
par la nature, nous remarquons, en effet, ceux qui naissent de la terre : les plantes, qui n'ont reçu d'autres facultés que celle de se nourrir et de croître.

34. Aux animaux, la nature a donné de plus la sensibilité et le mouvement et en même temps, un certain
goût pour rechercher ce qui leur est salutaire et s'éloigner de ce qui leur est nuisible ; l'homme, enfin, reçut
de plus, pour régler ses appétits, ce don admirable qu'on
appelle la raison et qui tantôt les dompte et tantôt les
modère.

XIII. — Il doit y avoir dans la nature une quatrième catégorie
d'êtres supérieurs à ceux qui forment les trois premières ;
les êtres de la quatrième catégorie jouissent par nature de
la bonté et de la sagesse : ce sont les dieux et le monde.

Dans la quatrième catégorie des êtres et dans le degré
le plus élevé se trouvent les êtres bons et sages par leur
nature même : ceux qui naissent avec une raison droite et
infaillible, supérieure à celle de l'homme et digne de Dieu
seul, c'est-à-dire du monde, qui possède nécessairement
une raison parfaite et accomplie.

35. Pour tout ordre de créatures, il existe en effet, un
but dernier, un état parfait. Or, dans la vigne, par
exemple, ou chez l'animal, à moins qu'une force supérieure n'y fasse obstacle, nous voyons la nature, par des
voies qui lui sont propres, parvenir à ce dernier degré
d'existence ; la peinture, l'architecture et les autres arts
atteignent tous dans leurs productions un point qui fait
l'œuvre accomplie. Ainsi, et à bien plus forte raison, la
nature universelle doit arriver à la perfection absolue.
Pour le reste des êtres, en effet, un grand nombre de
forces étrangères peuvent s'opposer à ce perfectionnement
naturel ; mais rien ne peut empêcher celui de l'univers
qui gouverne et contient toutes choses. Nous sommes
donc obligés d'admettre que ce quatrième degré, le plus
élevé de tous, est inaccessible à toute force supérieure.

36. Or, c'est à ce degré-là même qu'appartient le monde,
et puisque sa nature est telle qu'il commande à tout et
que rien ne peut s'opposer à sa marche, il faut admettre
aussi, non seulement que le monde est un être intelligent,

mais encore qu'il est doué de sagesse. Ne serait-ce point faire preuve d'une extrême ignorance que de ne pas reconnaître la perfection souveraine à cette nature qui embrasse toutes choses, ou de dire qu'étant infiniment parfaite, elle n'est pas animée, raisonnable, prudente. sage? S'il en était autrement, comment serait-elle infiniment parfaite? Qu'elle soit, en effet, semblable aux plantes ou aux animaux, loin de se trouver au sommet des êtres, elle est plutôt dans le dernier degré. Si le monde participe au bienfait de la raison, sans qu'il ait été, dès le commencement, doué de la sagesse, la condition du monde est inférieure à celle de l'homme; car celui-ci peut devenir sage et le monde, au contraire, s'il ne l'a pas été dans cette série illimitée de siècles écoulés, ne le sera jamais; il sera donc inférieur à l'homme. Or cette conclusio n est absurde; le monde a donc été sage dès le premier instant de son existence : il faut donc reconnaître qu'il est Dieu.

37. Le monde est en effet, le seul parmi tous les êtres à qui rien ne manque; le seul qui dans l'harmonie de toutes ses parties, soit absolument conforme au but, parfait, complet.

XIV. — Tous les êtres qui composent l'univers sont faits les uns pour les autres, parce qu'ils sont imparfaits; le monde est donc fait pour lui-même, puisqu'il n'y a rien au-dessus de lui; il est donc la perfection idéale, c'est-à-dire dieu.

Suivant la remarque ingénieuse de Chrysippe, comme l'étui est fait pour le bouclier, le fourreau pour le glaive; ainsi, à l'exception du monde, tous les êtres sont faits les uns pour les autres; les fruits et les récoltes diverses que produit la terre, pour les animaux; les animaux pour l'homme : le cheval, par exemple, pour le porter; le bœuf, pour labourer les champs; le chien, pour la chasse et la garde. L'homme lui-même est créé pour contempler et imiter le monde; il n'est nullement parfait, mais il est une parcelle de l'être parfait.

38. Le monde, au contraire, puisqu'il embrasse tout ; puisqu'il n'y a rien qui ne soit dans lui, est absolument complet. Dès lors, quel genre de perfection pourrait donc lui manquer ? Mais il n'y a rien de meilleur que l'intelligence et la raison, elles ne peuvent donc lui manquer. C'est avec justesse que le même Chrysippe, ajoutant à ses théories la lumière des comparaisons, enseigne que tout est meilleur dans les êtres arrivés à leur perfection et à leur maturité. Le cheval l'emporte sur le poulain ; le chien arrivé à son complet développement, sur celui qui ne l'est pas et l'homme sur l'enfant : de même tout ce qu'il y a d'excellent dans le monde doit appartenir à un être absolument parfait.

39. Or, il n'y a rien de plus parfait que le monde et rien de meilleur que la vertu ; la vertu appartient donc à la nature du monde. L'homme, en effet, nature imparfaite, peut cependant acquérir la vertu ; combien plus facilement doit-elle se trouver dans l'univers ! Le monde est donc vertueux ; il est donc sage et, par conséquent, il est dieu.

XV. — La divinité du monde réside dans les astres qui sont faits de l'éther le plus pur et qui sont les plus parfaits des animaux, puisqu'ils vivent dans l'élément le plus pur.

Cette même divinité que nous avons reconnue dans le monde, il faut aussi l'attribuer aux astres. Formés de la partie la plus pure et la plus mobile de l'éther ; de plus, exempts de mélange à toute substance étrangère, ils sont tout feu et toute lumière ; tellement que nous pouvons les appeler à très juste raison des êtres animés et reconnaitre en eux l'intelligence et le sentiment. Que tout l'être des astres soit exclusivement du feu, nous en trouvons la preuve, suivant l'opinion de Cléanthe, dans le témoignage de deux de nos sens : le toucher et la vue.

40. En effet, le brillant éclat du soleil fait pâlir celui de tout autre feu ; et nous voyons l'univers tout entier avec ses prodigieuses dimensions atteint par sa

lumière. Son contact a pour résultat non seulement d'échauffer les corps, mais souvent de les brûler ; or, il ne produirait ni l'un ni l'autre de ces deux effets, s'il n'était du feu. « Donc, ajoute Cléanthe, puisque le soleil est un corps igné qui se nourrit des vapeurs de l'Océan (car aucun feu ne peut subsister sans nourriture), il faut que le soleil ressemble ou au feu qui sert à nos usages et à la cuisson de nos aliments, ou à celui qui est dans le corps des animaux.

41. « Or, notre feu, celui qui sert aux usages ordinaires de la vie, dévore et consume tout ; et, partout où il pénètre, jette le trouble et le ravage. L'autre, au contraire, feu substantiel, chaleur vitale et salutaire, conserve tout ; nourrit les êtres et les fait croître ; soutient et donne le sentiment à tout ce qu'il atteint. » Dès lors, conclut le même philosophe, il n'est pas douteux à laquelle de ces deux espèces de feu appartient le soleil, puisque sous son influence, tous les êtres, chacun, selon son espèce, se couvrent de fleurs et promettent leur fruit. Si le soleil est semblable au feu qui agit dans le corps des animaux, le soleil est donc, lui aussi, un être animé ; il en est de même des autres astres, puisqu'ils naissent au sein de cette chaleur céleste que nous appelons l'éther ou le ciel.

42. Or, parmi les animaux, les uns naissent sur la terre, d'autres dans l'eau, d'autres dans l'air. Voilà pourquoi il paraît absurde à Aristote que dans cette partie du monde la plus apte à la génération des êtres animés, il ne s'en produise aucun. Mais les astres ont leur place dans l'éther ; et comme cet éther est très subtil, toujours en mouvement et dans une vigueur éternelle, les animaux qui naissent dans son sein, doivent nécessairement avoir une sensibilité très vive et une mobilité extrême. D'autre part, les astres naissent dans cet éther, il est donc tout à fait conforme à la raison de reconnaître en eux l'intelligence et la sensibilité ; d'où il résulte qu'on doit les placer au nombre des dieux.

XVI. — Le mouvement des astres ne peut être le résultat ni
d'une force nécessaire ou d'un mécanisme, — ni d'une impulsion libre, mais étrangère, — ni du hasard ; — il est
donc volontaire et révèle ainsi l'intelligence du mobile.

Il est facile de voir, en effet, que les esprits sont plus
fins, plus aptes à comprendre dans les régions du globe
où l'air est pur et subtil, que dans les contrées où l'on
respire un air épais et lourd.

43. On croit même que la nourriture dont on se sert
n'est pas sans quelque influence sur la délicatesse de l'esprit. Il est donc probable que les astres ont une intelligence plus déliée, puisqu'ils habitent dans les régions de
l'éther et se nourrissent des vapeurs de la terre et de la
mer que ce long trajet a rendues plus subtiles. D'ailleurs,
le sentiment et l'intelligence des astres se montre clairement dans l'ordre et la constance de leurs mouvements.
Tout ce qui se meut, en effet, suivant les lois du nombre
et de la raison suppose un dessein ; or, dans les mouvements des astres, on ne voit rien d'aventureux, rien
d'irrégulier, rien qui trahisse le hasard. L'ordre qui les
gouverne, des révolutions, dont une si longue suite de
siècles n'a pas altéré la constance, ne sauraient être l'œuvre d'une nature aveugle ; car cet ordre est plein de raison
et on ne peut y voir davantage l'effet du hasard, si ami
du changement et si opposé à la constance. La consé-
quence est donc que les astres se meuvent par leur déter-
mination libre et personnelle, sous l'action de leur âme
et de leur divinité.

44. C'est une pensée d'Aristote, et non la moins digne
d'éloges, que tout ce qui se meut, doit ce mouvement ou
aux lois de sa nature, ou à une force étrangère, ou à sa
volonté propre ; d'autre part, le soleil, la lune et tous les
astres se meuvent. Or, les corps dont le mouvement est
réglé par la nature sont entraînés en bas par la pesanteur ou s'élèvent par leur légèreté : aucun de ces mouvements ne convient aux astres dont la révolution se fait
suivant une ligne courbe. Cependant, on ne peut pas dire

qu'une puissance supérieure force les astres à se mouvoir contrairement aux lois de la nature. Quelle pourrait être, en effet, cette force majeure ? — Il reste donc que le mouvement des astres soit volontaire. Pour quiconque voit ces merveilles, il y aurait non seulement de l'ignorance, mais de l'impiété à nier les dieux. Au fond, il y a peu de différence entre nier l'existence des dieux, et leur refuser toute action et toute sollicitude ; et pour moi, l'être qui n'agit pas, est un être qui n'existe pas. L'existence des dieux est donc tellement évidente que j'aurais peine à ne pas considérer comme un fou, celui qui la nierait.

SECONDE PARTIE

(XVII-XXVIII) — NATURE DES DIEUX

XVII. — La difficulté que nous avons de raisonner sur la nature des dieux vient de notre éloignement pour l'abstraction. Voilà pourquoi certains philosophes représentent les dieux sous une figure humaine. — L'idée même que nous nous faisons des dieux réfute l'opinion d'Épicure et confirme la divinité du monde.

45. Nous allons examiner maintenant quelle est la nature des dieux ; question dans laquelle rien n'est plus difficile que d'arracher l'esprit à l'habitude de juger par les yeux. Cette difficulté a conduit les ignorants vulgaires et, parmi les philosophes, ceux que leur sottise rend semblables aux premiers, à ne pouvoir songer aux dieux immortels qu'en se les représentant sous une figure humaine. Cotta a déjà réfuté cette opinion et en a si bien montré le faible que je puis me dispenser d'en parler. Mais puisqu'une prénotion de l'esprit nous révèle d'une manière certaine que Dieu doit être premièrement un être animé, et en second lieu, supérieur à tout ce qui existe dans la nature, je ne vois rien qui soit plus conforme à cette idée que d'attribuer au monde, le plus parfait des êtres, une âme et la divinité.

46. Qu'Épicure plaisante là-dessus tant qu'il voudra ; qu'il montre son esprit si rebelle aux délicatesses de la raillerie et qui a perdu si complètement le goût exquis de sa patrie ; qu'il dise ne pouvoir comprendre ce que c'est qu'un dieu rond ; un dieu qui tourne perpétuellement dans l'espace : il n'arrivera cependant jamais à ébranler en moi un principe qu'il admet lui-même. Il reconnaît, en effet, l'existence des dieux, parce qu'il voit la nécessité d'un être supérieur et dont rien ne surpasse la perfection. Or, il est certain que rien n'est plus parfait que le monde ; d'autre part, il n'est pas douteux qu'un être animé, doué

de sensibilité, d'intelligence et de raison, ne soit plus parfait qu'un autre à qui manquent ces qualités.

47. Cela prouve que le monde est un être animé, sensible, intelligent et raisonnable ; et on conclut de là que le monde est dieu. Au reste, nous le verrons plus clairement tout à l'heure en considérant les opérations mêmes du monde et les choses qu'il produit.

XVIII. — L'erreur des Épicuriens tient, en partie, à leur ignorance en mathématiques et en physique ; elle leur fait admettre que le cône et la pyramide sont plus parfaits que la sphère, et leur empêche de comprendre que la forme ronde peut seule rendre compte des mouvements de l'univers.

En attendant, cher Velléius, ne faites point parade, je vous en supplie, de votre ignorance en mathématiques. — Vous dites que le cône, le cylindre et la pyramide vous paraissent plus beaux que la sphère. Vous avez une manière de voir absolument neuve. Peut-être pourrait-on soutenir cette opinion, à n'en juger qu'à l'apparence ; pour moi, cependant, même au simple aspect, il ne me paraît pas en être ainsi. Quoi de plus beau, en effet, qu'une figure, renfermant en elle seule toutes les autres ; n'ayant aucune aspérité ni aucun point saillant ; rien d'anguleux, aucune anfractuosité, point de bosse, point de creux ? Il y a deux formes qui surpassent toutes les autres ; parmi les solides, c'est le globe (on peut traduire ainsi le mot grec σφαῖραν) ; parmi les figures planes, c'est le cercle ou l'orbe, que les Grecs appellent κύκλος. En effet, dans ces deux formes seulement, on peut trouver toutes les parties parfaitement semblables entre elles ; dans elles seules encore, tout point extrême est aussi éloigné du centre que ce centre lui-même, du point le plus haut : il est impossible d'imaginer rien de plus exact.

48. Mais si vous ne voyez point la justice de ces considérations parce que vous n'avez jamais touché à la docte

1*

poussière, la physique, du moins, aurait pu vous apprendre que tout autre forme de l'univers ne saurait lui conserver l'ordre constant d'un mouvement si régulier. Aussi rien n'est plus contraire à la science que vos affirmations ordinaires. Vous dites, par exemple, qu'il n'est pas certain que le monde soit sphérique parce qu'il peut, à la rigueur, avoir une autre forme et que, de plus, les mondes étant en nombre infini, les uns, parmi eux, peuvent avoir une forme et les autres une autre.

49. C'est là ce qu'Épicure n'eût certainement pas avancé, s'il eût appris combien font deux fois deux. Mais occupé qu'il était à juger ce qui est le plus doux au *palais*, il n'a pas élevé ses regards vers le *palais* du ciel, comme parle Ennius.

XIX. — Il y a deux espèces d'étoiles : les étoiles fixes et les étoiles errantes. — La forme ronde permet d'expliquer les mouvements du soleil et de la lune.

Nous distinguons, en effet, deux catégories d'étoiles : les unes, toujours fixées dans la même région de l'espace, tournent de l'Orient à l'Occident, sans que jamais leur course ne s'infléchisse en aucun sens ; les autres accomplissent dans le même espace et par les mêmes voies une double révolution : ce double mouvement permet de reconnaître la rotation de l'univers, ce qui suppose la forme sphérique, — et aussi les orbites circulaires des étoiles.

Tout d'abord, le Soleil qui tient le premier rang parmi les astres, a un mouvement tel qu'après avoir versé sur le monde les flots de sa lumière, il laisse dans l'obscurité, tantôt une partie de la terre, et tantôt une autre ; car c'est l'ombre même de la terre qui, en voilant le soleil, est cause de la nuit. Il y a dans le cours des nuits et dans celui des jours la même régularité et le même soleil, par ses approches ou ses éloignements modérés de la terre, règle et tempère la chaleur et le froid. Le mouvement du Soleil sur son orbite a une durée de 365 jours et un quart de jour à peu près et forme ce qu'on appelle la révolution d'une année. En dirigeant sa course tantôt vers le nord et tantôt vers le midi, cet astre forme les étés et les hivers ainsi que les deux autres saisons dont l'une touche au déclin de l'hiver et l'autre à l'été. C'est ainsi que, par les changements de ces quatre saisons, naissent et se forment toutes les productions de la terre et des mers.

50. La Lune, à son tour, parcourt dans l'intervalle d'un mois la carrière que le Soleil parcourt dans une année. Sa lumière est d'autant plus faible qu'elle est plus rapprochée du Soleil; d'autant plus éclatante qu'elle en est plus éloignée. Elle ne change pas seulement de forme et d'aspect en croissant et en décroissant, mais encore de région et se trouve tantôt vers le nord, et tantôt vers le sud. Elle présente aussi dans sa révolution comme une apparence de solstices d'hiver et d'été ; des influences nombreuses qui émanent d'elle et se répandent sur la terre, jouent un rôle dans la nourriture et l'accroissement des animaux, comme aussi dans le développement et la maturité des productions terrestres.

XX. — Mouvement des planètes. — Grande Année.

51. Mais ce qui est surtout admirable, c'est la révolution des cinq étoiles auxquelles, bien à tort, on a donné le nom d'errantes ; on ne peut en effet, donner le nom d'errant à un corps qui de toute éternité s'avance, rétrograde et accomplit d'une manière constante d'autres mouvements déterminés. Cette fixité est d'autant plus merveilleuse dans les étoiles dont nous parlons que tantôt elles s'occultent, et tantôt elles se découvrent; tantôt elles s'approchent du soleil, tantôt elles s'en éloignent; tantôt elles le précèdent et tantôt elles le suivent : leur mouvement tantôt s'accélère et tantôt se ralentit; parfois même les planètes paraissent immobiles et s'arrêtent pour quelque temps. C'est à cause de ces mouvements inégaux que les mathématiciens ont appelé

Grande Année celle où il arrive que le Soleil, la Lune et les cinq astres errants reviennent à la même position relative après avoir achevé dans l'espace leur révolution tout entière.

52. Quelle est la durée de cette révolution? C'est une grande question ; mais qu'elle se fasse d'après des lois certaines et déterminées, on est obligé de l'admettre.

L'étoile dite de Saturne, appelée en grec Φαίνων, et qui est la plus éloignée de la terre, fait sa révolution à peu près en trente ans. Elle montre dans sa course un grand nombre de phénomènes très singuliers; tantôt elle avance et tantôt elle retarde ; elle se cache vers le soir et réapparaît le matin; toutefois pendant la succession indéfinie des siècles, rien n'est modifié dans sa course; elle présente périodiquement les mêmes variations.

Au-dessous de Saturne et plus près de la terre, se meut la planète de Jupiter que les Grecs appellent Φαέθων; elle parcourt en douze ans les douze signes du Zodiaque et offre dans son cours la même variété de phénomènes que Saturne.

Tout près d'elle et dans une orbite inférieure on voit l'astre de Mars : son nom en grec est Πυρόεις et il se meut dans la même orbite que les deux astres précédents.

Au-dessous de Mars est Mercure ; les Grecs l'appellent Στίλβων; il termine à peu près vers la fin de l'année sa révolution sur la zone zodiacale; sa distance du Soleil n'est jamais supérieure à l'intervalle d'un signe, soit qu'il le précède, soit qu'il le suive.

La dernière des planètes et la plus rapprochée de la terre est l'étoile de Vénus. On l'appelle en grec : Φωσφόρος et en latin Lucifer lorsqu'elle précède le soleil ; Ἕσπερος ou Vesper, quand elle le suit. Elle met un an pour parcourir les douze signes du Zodiaque ; son mouvement se fait en latitude et en longitude ; ce qui, d'ailleurs, est vrai pour les planètes supérieures : qu'elle précède ou qu'elle suive le Soleil, le mouvement de la Lune ne l'en éloigne jamais plus que d'un intervalle de deux signes.

XXI. — Le mouvement constant et régulier, soit des planètes,
soit des étoiles fixes, est indépendant de l'éther ; il est
propre aux astres et rien n'y est le fruit du hasard ; il suppose donc en eux l'intelligence et la raison divines.

54. Or, je ne puis concevoir cet ordre invariable qui
existe dans les astres ; une harmonie si merveilleuse
dans des mouvements si variés et qui dure une éternité
entière sans y admettre une intelligence, une raison, un
dessein prémédité ; et puisque nous voyons ces qualités
dans les astres, il nous est impossible de ne point les
placer eux-mêmes au nombre des dieux.

Les étoiles qui sont appelées fixes, n'attestent pas une
moindre intelligence et une moindre sagesse, car elles
ont aussi un mouvement quotidien, harmonieux et constant. Ce n'est point, suivant le dire du vulgaire, ignorant
des lois de la physique, un mouvement produit par l'éther
et dépendant du ciel : la nature de l'éther n'est pas telle,
en effet, qu'elle puisse saisir les étoiles et les emporter
dans un tourbillon ; l'éther si subtil, transparent, d'une
chaleur toujours égale ne parait pas propre à retenir de
si grands corps.

55. Les étoiles fixes ont donc leur sphère propre,
séparée de l'éther et libre de toute dépendance avec lui.
Leurs révolutions perpétuelles qu'une admirable, une
incroyable constance ramène avec une régularité jamais
interrompue révèle si clairement une force et une intelligence divines, que pour ne pas leur reconnaître la nature d'un dieu, il faudrait être privé de la faculté même
de connaître.

56. Il n'y a donc dans le ciel ni hasard, ni imprudence,
ni erreur, ni désordre ; au contraire, on y voit resplendir
partout l'ordre, la vérité, la raison et la constance. Ce
qui est dépourvu de ces qualités, c'est-à-dire, les choses
mensongères, fausses, pleines d'erreurs, se trouvent autour de la terre, au-dessous de la Lune qui est le dernier
des corps célestes, ou sur la terre même. Par consé-

quent, celui qui refuse de voir l'intelligence dans cet ordre admirable des corps célestes, dans leur régularité incroyable, source unique de vie et de conservation pour tous les êtres, celui-là, sans aucun doute, est lui-même privé d'intelligence.

57. Je ne me tromperai donc point, à mon avis, si j'emprunte à celui qui tient le premier rang dans la recherche de la vérité, à Zénon, le principe sur lequel repose toute cette discussion.

XXII. — Zénon définit la nature un *feu artiste.* — Comme l'homme et plus que l'homme, ce feu est doué d'intelligence et de volonté ; — il veille à la conservation de tous les êtres, à la formation desquels il préside. — C'est à lui que tout dans la nature doit la beauté et l'ornement : on peut donc l'appeler Providence.

Or, voici comment Zénon définit la nature : C'est. dit-il, un feu artiste, procédant méthodiquement à la génération des êtres. Il croit, en effet, que la principale propriété de l'art, c'est de créer et d'engendrer ; tout ce que la main de l'homme peut mettre d'art en ses œuvres, est fait avec beaucoup plus d'adresse par la nature ; je veux dire : par le feu artiste qui est le maître des autres arts. De cette façon, toute nature particulière est industrieuse, en ce sens qu'elle a une ligne particulière et tracée dont elle ne dévie pas.

58. Quant à la nature du monde qui embrasse, dans son ensemble, et renferme tout, elle n'est pas, pour Zénon, seulement industrieuse ; elle est encore l'artiste absolu qui veille et qui pourvoit à tout ce qu'il y a d'utile et d'avantageux. Et de même que les autres natures se forment, s'accroissent et se conservent par leurs semences ; de même la nature du monde a la pleine liberté de tous ses mouvements ; elle a des élans, des désirs que les Grecs appellent ὁρμάς et auxquels elle conforme ses actions, comme nous le faisons nous-mêmes qui avons dans notre âme et dans notre sensibilité l'ori-

gine de nos mouvements. Puisque telle est l'âme du monde, nous pouvons, à juste titre, à cause de ces qualités, l'appeler Prudence ou Providence, comme les Grecs l'appellent Πρόνοια. L'objet principal de cette action providentielle; là où elle s'exerce de préférence, c'est le monde lui-même; elle veille d'abord aux conditions de la durée, ensuite à ce qu'il ne manque de rien et surtout à le revêtir d'une parure et d'une beauté parfaites.

XXIII. — Les dieux du Stoïcisme n'ont rien de commun avec ceux d'Épicure, — ni dans leur forme, — ni dans leurs opérations. — Il n'y a qu'un Dieu invisible : il se manifeste diversement.

59. Nous avons parlé de l'univers en général; nous avons aussi parlé des astres; la conclusion qui en découle évidemment, c'est qu'il existe presque une infinité de dieux ne cessant jamais d'agir et dont les opérations, toutefois, ne leur apportent jamais ni la fatigue ni l'ennui du travail. Ils ne sont pas, en effet, composés de veines, d'os et de nerfs; les aliments et le breuvage qui les nourrissent n'ont rien qui puisse leur donner des humeurs ou trop âcres ou trop épaisses; leurs corps n'ont à redouter ni les chutes ni les coups et ils ne craignent point qu'une maladie vienne jamais lasser leurs membres. Épicure avait toutes ces frayeurs; de là ses dieux oisifs, véritables délinéaments de dieux.

60. Nos dieux, au contraire, sont doués de la beauté suprême; ils sont placés dans la plus pure région du ciel et telle est la nature du mouvement qui les emporte, telle est la modération de leur course que la conservation et la protection de toutes choses paraissent être la fin d'une harmonie si parfaite.

Beaucoup d'autres divinités ont été établies par les plus sages d'entre les Grecs et par nos ancêtres eux-mêmes; et ce n'est pas sans raison, mais à cause de leurs bienfaits signalés, qu'elles ont reçu leur nom. Tout ce qui apportait au genre humain une utilité considérable était, en effet, réputé par nos aïeux une manifestation de la bonté divine envers les hommes. Voilà pourquoi ils donnaient le nom de dieu à ce qui venait des dieux : c'est ainsi que nous avons donné aux fruits de la terre le nom de Cérès ; au vin, celui de Bacchus ; d'où ce mot de Térence : « Sans Cérès et Bacchus, Vénus est froide. »

61. Ensuite, les choses qui ont en elles-mêmes une force extraordinaire ont été divinisées à leur tour et de telle sorte que le nom du dieu désigne en même temps cette force elle-même ; par exemple, la Bonne Foi, l'Intelligence dont M. Emilius Scaurus a placé l'image dans l'enceinte dédiée du Capitole ; avant lui déjà, Calatinus Attilius y avait consacré celle de l'Espérance. Vous voyez ici même le temple de la Vertu, celui de l'Honneur restauré par M. Marcellus et que, bien des années auparavant, pendant la guerre de Ligurie, Q. Maximus avait solennellement érigé. Faut-il rappeler celui d'Ops ? celui du Salut ? de la Concorde ? de la Liberté ? de la Victoire ? toutes choses dont la force était si grande que seule, la puissance divine paraissait capable d'en régler les effets et qui, pour cette raison, reçut le nom de Dieu. De ce genre sont encore les noms divinisés de Cupidon, de la Volupté, de Vénus Lubentina ; ce sont des vices, il est vrai, et non point des choses naturelles, contrairement à l'opinion de Velléius, mais il n'est pas rare cependant de voir ces vices mêmes agir sur la nature avec une violence extrême.

62. La grandeur du bienfait a donc fait dieux les auteurs du bienfait et les noms mêmes que nous venons de citer expriment clairement quelle est la puissance particulière de chacun de ces dieux.

XXIV. — En reconnaissance des bienfaits qu'ils avaient rendus, on a divinisé les grands hommes ; les poètes ont popularisé ce culte par leurs chants. — Le dieu Cœlum.

L'opinion des hommes et une coutume universelle ont voulu que les personnages remarquables par leurs bienfaits fussent portés au ciel par la reconnaissance et par la renommée. Ainsi furent déifiés Hercule, Castor et Pollux, Esculape et Bacchus ; je veux dire Bacchus, fils de Sémélé et non point celui à qui nos aïeux consacrèrent en même temps qu'à Cérès et à Libera, un culte auguste et vénérable, et dont les mystères font assez comprendre la nature. Comme nous appelons *liberi* ceux qui nous doivent la naissance, ainsi les enfants de Cérès furent appelés Liber et Libera : cet usage se retrouve exactement dans le nom de Libera, mais il n'en est pas de même pour Liber. Ainsi encore fut divinisé Romulus que l'on croit être le même que Quirinus ; c'est, d'ailleurs, avec justice qu'on en a fait des dieux, car leurs âmes qui jouissent de l'éternité, n'ont point disparu et ils sont par conséquent des êtres parfaits et immortels.

63. Une autre cause, appartenant à l'ordre physique, a été pour une multitude de dieux une source abondante. Comme on les représentait sous une figure humaine, ils fournirent aux poètes un grand nombre de fables et remplirent ainsi la vie du genre humain de toute espèce de superstitions. Ce point du reste a été traité par Zénon et, après lui, Cléanthe et Chrysippe l'ont développé longuement. En effet, c'est en Grèce une vieille croyance que Cœlum fut mutilé par son fils Saturne et que Saturne lui-même fut à son tour enchaîné par son fils Jupiter.

64. Mais sous ces fables impies se cache un sens physique d'une grande délicatesse. On a voulu dire que la nature céleste et éthérée, le principe le plus haut, c'est-à-dire le principe du feu, donnant de sa propre substance la vie à tous les êtres, n'a point les organes qui exigent, pour la procréation, un concours étranger.

XXV. — Saturne et Jupiter.

On a voulu personnifier dans Saturne, la loi qui règle le cours du temps et en fixe les périodes ; c'est la signification même de son nom grec ; Κρόνος, qui est le même mot que χρόνος, et qui signifie *espace de temps*. Son nom de Saturne lui vient de ce qu'il est *saturé* d'années : on le représente, en effet, comme ayant dévoré ses enfants, parce que le temps dévore ses propres divisions et se remplit, sans pouvoir se rassasier, des années qui s'écoulent. On dit enfin qu'il a été enchaîné par Jupiter pour que sa course ait une règle et soit liée comme par des chaînes à la révolution des astres. Quant à Jupiter lui-même, son nom est tiré de *Juvans pater* (père secourable) ; et un changement de cas a donné *Jovem* de *Juvando* (aider) ; le mot *pater* est dû aux poètes qui appellent souvent Jupiter : le Père des dieux et des hommes. Nos ancêtres l'invoquèrent sous le nom de *très-bon* et de *très grand* ; *très bon* d'abord, c'est-à-dire très-bienfaisant, avant *très grand*, parce qu'il est plus glorieux pour soi et, sans contredit, plus agréable pour les autres, d'être utile à tous, que d'avoir une grande puissance.

65. C'est lui, comme je l'ai déjà dit, que désigne Ennius, lorsqu'il écrit : « Levez les yeux vers cet éther brillant, « que tous invoquent sous le nom de Jupiter ; » et ailleurs, le même Ennius s'exprime encore plus clairement : « Cet « être à qui je consacrerai tout ce qui est en moi, c'est « tout ce que tu vois de brillant autour de toi. » — C'est encore lui qu'entendent nos augures, quand ils disent : *Jupiter éclairant, Jupiter tonnant* ; c'est, en effet, le *ciel* éclairant, le *ciel* tonnant qu'ils veulent dire. Euripide, à son tour, avec cette élégance qu'il a mise en tant d'ouvrages, a exprimé brièvement la même idée : « Tu vois « l'immense, le sublime éther qui entoure la terre d'un « tendre embrassement ; reconnais en lui le souverain des « dieux ; reconnais-y Jupiter. »

XXVI. — Junon. — Neptune. — Pluton. — Proserpine. — Cérès. — Mavors et Minerva.

66. L'air qui, d'après les doctrines des Stoïciens, est répandu entre la mer et le ciel, est divinisé sous le nom de Junon, sœur et épouse de Jupiter, parce que l'air est

semblable à l'éther et intimement uni avec lui. On a fait de l'air une femme et l'attribut de Junon, parce qu'il n'y a rien de plus mou. Quant au nom même de Junon, je pense qu'il vient de *juvare* (aider). — Restaient la terre et l'eau, pour compléter suivant la fable la division de l'univers en trois royaumes. A Neptune, l'un des frères de Jupiter, à ce que l'on dit, fut donné tout l'empire des mers. Comme on a fait Portune de *portus*, ainsi en changeant un peu les premières lettres, on a tiré Neptune de *nare* (nager). La terre avec toute la puissance et tous les êtres qui la forment fut dévolue au vénérable Dis. Nous l'avons appelé *Dives* (riche), comme les Grecs l'avaient nommé Πλούτων, parce que tout vient de la terre et retourne à la terre. On lui donne pour épouse Proserpine ; ce nom est d'origine grecque ; dans cette langue, en effet, cette déesse est appelée Περσεφόνη, ce qui veut dire, semence des moissons ; là est l'explication du mythe d'après lequel Proserpine cachée est cherchée par sa mère.

67. La mère de Proserpine est Cérès ou Gérès, mot qui dérive de *gerere* (porter) ; par un singulier hasard, les Grecs, comme nous, ont changé la première lettre de ce mot et disent Δημήτηρ pour Γημήτηρ.

Les grands bouleversements dont sa puissance est l'auteur ont donné son nom à Mars et *magna vortere* a fait Mavors ; de *minari* (menacer) ou *minuere* (amoindrir) vient Minerva, parce que la déese menace ou amoindrit ses ennemis.

XXVII. — Janus. — Vesta. — Les Pénates. — Apollon. — Diane. — Lucine.

Comme en toutes choses le commencement et la fin ont la plus grande importance, Janus dont le nom est tiré de *ire* (aller), fut considéré comme le conducteur des sacrifices. De là vient que les passages découverts sont appelés *Jani* et les portes qui protégent le seuil de nos maisons particulières, *januæ*. Le nom de Vesta nous vient des Grecs ; c'est la déesse qu'ils appellent Ἑστία. Sa puissance couvre les autels et les foyers : elle est donc la gardienne de ce qu'il y a de plus intime ; aussi l'invoque-t-on au commencement et à la fin de toutes les prières et de tous les sacrifices.

68. A cette puissance se rattachent de fort près les dieux Pénates ; mot dont la racine est *penus* qui signifie, en général, tout ce qui sert à la nourriture de l'homme ; — ou bien *penitus* (au fond), à cause du lieu retiré où ils résident ; aussi, les poètes leur donnent le nom de *Penetrales*. — Le nom d'Apollon est grec ; on le regarde comme la personnification du Soleil ; Diane et la Lune seraient aussi, pense-t-on, le même personnage. Quant au nom même du Soleil (*sol*), il dérive de *solus* (seul), soit parce qu'entre tous les astres, il est *seul* d'une si prodigieuse grandeur, soit parce qu'à son lever, tous les astres s'éclipsent et il apparaît *seul*. La Lune a tiré son nom de *lucere* (luire), car elle est la même déesse que Lucine. Voilà pourquoi, tandis que chez les Grecs, les femmes, dans les douleurs de l'enfantement, invoquent Diane sous le nom spécial de Porte-lumière, chez nous, elles font des vœux à Junon Lucine. Diane est encore appelée errante ; non pas de *venari* (chasser) ou parce qu'elle est chasseresse ; mais parce qu'elle est au nombre des sept étoiles qu'on appelle improprement *errantes*.

69. On lui a donné le nom de Diane parce qu'elle change pour ainsi dire la nuit en jour. L'enfantement est placé sous sa protection parce que l'enfant vient à terme souvent dans l'espace de sept, et le plus souvent, de neuf révolutions lunaires : espace qui étant rigoureusement déterminé (*mensa*) a reçu le nom de mois (*menses*). A ce sujet, Timée rapporte, entre beaucoup d'autres, un mot très fin. Après avoir raconté dans son histoire que la nuit même où naquit Alexandre, le temple de Diane à Ephèse fut consumé par les flammes, il ajoute qu'il n'y a là rien d'étonnant : Diane, voulant assister aux couches d'Olympias, était absente de chez elle.

Enfin, cette déesse qui vient (*veniret*) faire sentir son influence universelle a reçu chez nous le nom de Vénus :

et c'est de Vénus que dérive *venustas* (beauté) p utôt que
Vénus de *Venustas*.

XXVIII. — Il ne faut pas attribuer aux dieux les imperfections
de l'homme, mais le vrai philosophe doit distinguer entre
la superstition et la religion et vénérer les dieux sous ces
images consacrées par la tradition.

70. Voyez-vous maintenant comment des choses purement physiques, des inventions bonnes et utiles, la raison
fut entraînée à reconnaître des dieux fictifs et menson-
gers? C'est ce qui donna naissance à ces opinions fausses,
à ces erreurs pleines d'obscurités, à ces superstitions de
vieille femme. On connaît, en effet, la figure de ces dieux ;
nous n'ignorons ni leur âge, ni leurs vêtements, ni leur
parure ; leurs généalogies, leurs mariages, leur parenté,
tout a été copié sur la faiblesse humaine et réduit à son
niveau. Les dieux nous sont présentés comme ayant une
âme troublée ; on nous raconte leurs passions, leurs maladies, leurs colères; si nous en croyons la Fable, les guerres
même et les combats ne leur manquèrent point. Non
seulement, comme le raconte Homère, deux armées enne-
mies avaient chacune des dieux différents pour défen-
seurs; mais, bien plus, nous les voyons se livrer entre eux
des combats personnels ; par exemple, dans leurs luttes
avec les Titans ou avec les Géants. C'est une folie insigne
que de dire et de croire de pareilles sottises, d'une futi-
lité, d'une légèreté extrême.

71. Néanmoins, sous le voile de ces fables que nous
repoussons avec un juste mépris, nous trouvons l'idée
d'un dieu qui fait pénétrer son action jusqu'aux profondeurs mêmes de l'être : sous le nom de Cérès, il agit
dans la terre, et dans les mers sous celui de Neptune ;
considéré dans d'autres êtres, il aura d'autres noms;
mais ces dieux, quels qu'ils soient et quelque nom que
leur ait donné l'antiquité, ont droit à l'hommage de
notre culte et de notre vénération. Du reste, le meilleur
culte envers les dieux, le plus pur et le plus saint, le plus

rempli de piété, c'est de les vénérer sans cesse avec une âme et une langue sans souillures, sincères, incorruptibles. — Aussi bien que les philosophes eux-mêmes, nos ancêtres établirent entre la vraie religion et la superstition une différence radicale.

72. Ils appelèrent d'abord superstitieux les hommes qui passaient des journées entières en prières et en sacrifices pour obtenir des dieux de mourir avant leurs enfants; plus tard, ce nom prit une signification plus large. Ceux, au contraire, qui traitaient avec un soin diligent, qui relisaient, pour ainsi dire, tout ce qui touche au culte des dieux, furent appelés religieux, du mot *relegere*; comme on dit des hommes élégants, de *eligere*; des hommes diligents, de *diligere*; des hommes intelligents, de *intelligere*. Tous ces termes, en effet, comme le mot *religieux* lui-même, contiennent en eux l'idée de lecture et de soins attentifs. C'est ainsi que les mots *superstitieux* et *religieux* prirent une signification différente; au premier s'attacha l'expression d'un blâme; au second, celle d'un éloge.

Je crois avoir suffisamment montré qu'il y a des dieux et quels ils sont.

TROISIÈME PARTIE

(XXIX-LXI) — PROVIDENCE DES DIEUX SUR LE MONDE EN GÉNÉRAL

XXIX. — Les Épicuriens se font une fausse idée de la Providence.

73. Ma première tâche est maintenant de prouver que la Providence des dieux gouverne le monde.

C'est un point d'une grande et incontestable importance ; les philosophes de votre école, Cotta, l'ont agité de toutes les façons et, à vrai dire, tout l'effort de ma lutte se concentre sur vous seuls ; car chez vous, Velléius, on connaît peu ce qui se dit ailleurs. Vous ne lisez que les œuvres des vôtres ; vous n'aimez que les vôtres ; le reste, vous le condamnez sans même entendre la cause. Hier encore, vous m'en fournissiez personnellement un exemple en reprochant aux Stoïciens d'avoir inventé une vieille devineresse προνοαίν, pour en faire la Providence. Ce qui vous a fait parler ainsi, c'est l'erreur où vous êtes en croyant que les Stoïciens font de la Providence une divinité particulière qui régit et gouverne le monde. Or, le mot *Providence* est une expression elliptique.

74. C'est exactement comme si en disant que la République d'Athènes est gouvernée par un conseil, on sous-entendait : *de l'Aréopage*. Ainsi, quand nous disons : le monde est gouverné par la Providence, il faut sous-entendre : *des dieux*. Si l'on veut exprimer la pensée d'une manière complète et sans ellipse, il faut dire : le monde est gouverné par la Providence divine.

Épargnez le sel ; votre secte en manque ; ne le dépensez pas en plaisanteries sur notre compte ; oui, si vous m'en croyez, vous ne le tenterez pas : cela ne vous convient pas ; cela ne vous est point donné, vous ne le pouvez pas. Ces paroles, Velléius, ne vous atteignent point, assurément ; l'éducation que vous avez reçue au foyer domestique, votre politesse achevée vous assurent parmi nos personnages les plus distingués une place de choix. Elles s'adressent aux autres philosophes de votre école ; elles s'adressent particulièrement à celui qui en est le père, cet homme sans culture, sans lettres, prodigue d'insultes à l'égard de tous, dépourvu de toute finesse, sans grâce et sans autorité.

XXX. — La Providence des Dieux se démontre de trois manières. — La première raison se déduit de l'existence même des dieux. Rien n'est plus excellent que le gouvernement du monde : il appartient donc aux dieux qui sont les plus parfaits des êtres.

75. Je dis donc que la Providence des dieux a, dès le commencement, établi dans l'ordre le monde et toutes les parties du monde et que dans tous les temps elle continue à les gouverner. Nos Stoïciens divisent ordinairement cette théorie en trois parties : dans la première ; ils s'appuyent sur ce principe ; qu'il y a des dieux et en concluent, — ce dont on ne pourrait disconvenir après cette concession, — que le monde est gouverné par la sagesse divine. La seconde partie établit que toutes choses sont sous la dépendance d'un principe intelligent qui dirige tout avec un ordre souverainement parfait ; d'où il suit que ce principe même provient d'êtres animés. La troisième partie traite du spectacle admirable que présentent la terre et les cieux.

76. Et tout d'abord, ou il faut nier l'existence des dieux, ce que Démocrite et Épicure ont fait en quelque sorte, l'un avec ses *simulacres*, l'autre avec ses *images* ; ou, si l'on reconnaît la divinité, convenir qu'elle est occupée à quelque chose d'excellent. Or, rien n'est plus beau que le gouvernement du monde ; le monde est donc gouverné par la sagesse des dieux. S'il en était autrement, il faudrait admettre nécessairement au-dessus des cieux

un être quelconque, meilleur et plus puissant, soit un être inanimé, soit une nécessité mue par une grande force et capable de produire les œuvres ravissantes que nous admirons.

77. Dès lors, la puissance et la perfection excellente de la nature divine ne sont plus au-dessus de tout, puisque Dieu dépend d'un principe étranger, nature inanimée ou nécessité souveraine à qui obéissent le ciel, la terre et les mers. D'autre part, rien n'est supérieur à Dieu ; il faut, par conséquent, que le monde soit régi par lui. Dieu n'est donc soumis à aucun être, n'obéit à aucun et c'est lui-même qui gouverne le monde. Il est clair, en effet, que si nous reconnaissons que l'intelligence est le partage des dieux, nous devons leur reconnaître aussi une Providence et qui s'étend même à ce qu'il y a de plus important. Et alors, de deux choses l'une : ou les dieux ignorent quelles sont les choses importantes, comment il faut les traiter et ce qu'exige leur conservation ; ou bien leur puissance est trop faible pour qu'ils supportent la charge et l'administration d'un si pesant fardeau. Mais l'ignorance est étrangère à la nature des dieux ; et dire que la difficulté d'accomplir une si grande œuvre vient de leur faiblesse, est offenser la majesté des dieux.

Ainsi se trouve établi ce que nous voulons prouver : que la Providence des dieux gouverne le monde.

XXXI. — Les dieux aiment le bien et détestent le mal ; ils ont donc l'intelligence et la prudence et avec plus de perfection qu'on ne les trouve dans l'homme. — Or, rien n'est plus parfait que l'univers ; c'est donc par les dieux que l'univers est gouverné.

78. Les dieux existent : or, si l'on suppose l'existence des dieux, — et elle est hors de doute, — il faut qu'ils soient des êtres animés et non seulement animés, mais encore doués de raison ; liés entre eux par une espèce de pacte et de société civile et gouvernant de concert

comme une grande cité ou une république commune, un seul univers.

79. Ainsi, dans les dieux comme dans les hommes, doit se trouver cette même raison, cette même vérité, cette même loi qui prescrit la justice et réprime le mal. C'est d'eux, par conséquent, — il est facile de le comprendre, — que sont descendues vers les hommes la sagesse et la raison et voilà pourquoi les institutions de nos ancêtres ont déifié l'intelligence, la foi, la vertu et la concorde et leur ont consacré publiquement des temples. Comment pourrait-on refuser aux dieux ces qualités, lorsque nous les vénérons sous leurs emblèmes augustes et sacrés? Et si les hommes ont en partage l'intelligence, la foi, la vertu et la concorde, de quel réservoir, sinon des immortels, ont-elles pu s'épancher sur la terre? Puisque nous avons nous-mêmes la sagesse, la raison, la prudence, les dieux ont sans doute ces qualités à un plus haut degré; et non seulement ils doivent les posséder, mais encore s'en servir pour le meilleur et le plus noble usage.

80. Or rien n'est plus grand, rien n'est meilleur que le monde, il faut donc que le monde soit gouverné par la sagesse et la providence des dieux. Enfin, nous avons suffisamment démontré que les dieux sont précisément les êtres dont la puissance merveilleuse et le brillant éclat éblouissent nos yeux : les dieux sont le soleil, la lune ; ce sont les étoiles errantes et fixes : c'est le ciel, c'est le monde lui-même : c'est tout être vivant au sein de ce vaste univers et dont l'énergie secrète apporte au genre humain une utilité considérable et un charme de plus. Il est donc évident que tout est gouverné par l'intelligence et la prudence d'un dieu. — Mais c'est assez insister sur cette première partie.

XXXII. — Définition de la nature d'après les idées stoïciennes. — *Deuxième raison.*

81. Je suis maintenant amené par la suite du raisonnement à montrer que tout est soumis à la nature et très

parfaitement gouverné par sa puissance. Mais pour que ma démonstration soit plus facile à comprendre, il faut, au préalable, expliquer brièvement en quoi consiste la nature.

Les uns pensent que la nature est une certaine force aveugle et qui détermine dans les corps des mouvements nécessaires : les autres, au contraire, la considèrent comme un principe raisonnable et qui a de l'ordre; procédant avec méthode, indiquant ce que peut produire la cause de chaque être et les effets de cette action; principe dont aucune main, aucun art, aucun artiste ne saurait imiter l'industrie. Telle est, en effet, disent-ils, la force de la semence que, malgré son exiguïté, si elle tombe sur un objet capable de la contenir et qui puisse la concevoir, et qu'elle y trouve, de plus, pour sa nourriture et son accroissement des éléments suffisants, elle forme et produit tous les êtres, chacun selon les lois de son espèce : ici, ceux qui jouissent seulement de la faculté de se nourrir par leurs racines; là, des êtres qui joignent à la nutrition, le mouvement, la sensibilité, l'appétit et la faculté de produire d'eux-mêmes leurs semblables.

82. D'autres, enfin, sous le nom de nature, comprennent l'universalité des êtres : de ce nombre est Épicure pour qui tous les êtres se partagent ainsi : les corps, le vide et les accidents.

Mais nous, quand nous disons que le monde consiste dans la nature et qu'il est gouverné par elle, nous ne voulons point le comparer à une motte de terre, à un morceau de pierre ou toute autre chose de ce genre dont les parties ne sont liées par aucune force nécessaire nous avons en vue l'arbre, l'animal où rien n'est livré au hasard, mais où l'ordre éclate et où l'on peut voir comme une ébauche de l'art.

XXXIII. — Liaison des êtres : — leurs harmonies; — échauge
mutuel des éléments; — continuité et pénétration.

83. Or, par l'intermédiaire de leurs racines et de leurs
tiges, l'art de la nature donne aux plantes qu'alimente
la terre, la vigueur et la vie : la terre elle-même, sans
aucun doute, doit à cette même force, à cette même industrie de la nature, le soutien de sa vie. C'est la terre,
en effet, qui reçoit dans son sein toutes les semences : elle
les enfante, pour ainsi dire, de sa propre substance et les
répand au dehors : c'est elle qui soutient les plantes, les
nourrit et les fait croître, tandis qu'elle reçoit à son tour
des corps extérieurs et supérieurs l'aliment qui lui est
propre. Enfin, ses émanations nourrissent l'air, l'éther et
tous les êtres qui sont au-dessus d'elle.

Mais si la terre doit à la nature sa constance et sa vigueur, il en est de même pour le reste du monde, car les
plantes s'attachent à la terre et c'est en respirant l'air
que les animaux conservent la vie ; enfin, l'air lui-même
voit avec nous, entend avec nous, résonne avec nous;
puisqu'aucune de ces actions n'est possible sans lui. Bien
plus, il se meut avec nous; en effet, de quelque côté que
nous allions, quelle que soit la direction de nos mouvements, l'air paraît fuir devant nous et nous céder la place.

84. Tout ce qui tombe vers le centre du monde, c'est-à-
dire vers les parties profondes ; tout ce que le mouvement
circulaire emporte et maintient autour du centre : tous ces
corps, dis-je, forment une même nature, unique et sans
discontinuité. Et comme il y a quatre espèces d'éléments,
leur mutuelle pénétration et leur transformation réci-
proque donnent à la nature sa liaison constante. Ainsi,
l'eau sort de la terre, l'air produit l'eau et l'éther vient
de l'air : ou, en prenant un ordre inverse, de l'éther se
forme l'air; l'air engendre l'eau, et de l'eau naît la terre,
qui occupe le dernier rang. De l'agitation régulière de
ces quatre éléments qui forment tout ce qui existe; de
leur mouvement de bas en haut et de haut en bas; de

leurs révolutions dans tous les sens, résulte pour le monde l'union étroite et parfaite dans toutes ses parties.

85. La beauté dont nous sommes témoins montre que ce mouvement doit être éternel, ou tout au moins d'une très longue durée et s'étendant jusqu'à la plus lointaine immensité des âges. Que ce soit l'un ou l'autre, il en résulte toujours que la nature gouverne le monde. Et, en effet, quelle flotte voguant au sein des mers, quelle ordonnance de la plus belle armée, ou, — pour revenir aux productions de la nature elle-même, — quelle vigne ou quel arbre formant ses rejetons, quel animal par ses formes ou la conformation de ses membres fait éclater au même degré que le monde, la sage industrie de la nature ? Il faut donc admettre, ou bien que cette nature intelligente ne gouverne rien ; ou bien qu'avant tout, elle gouverne le monde.

86. Le monde, en effet, qui contient en soi tous les êtres avec leurs semences, pourrait-il échapper à la direction de la nature ? On pourrait dire alors avec autant de raison que les dents et la puberté sont l'ouvrage de la nature, mais que l'homme lui-même, l'unique raison de leur existence, n'est pas son œuvre. Ce serait ne point comprendre que les êtres ayant en eux assez de puissance pour en produire d'autres, ont aussi une nature plus parfaite que les êtres sortis d'eux.

XXXIV. — La nature de toute chose présente le plus de bonté et de beauté possible ; le spectacle de l'univers suppose donc une cause intelligente. — *Troisième raison.*

Or, c'est le monde qui sème et qui plante tout ce qui est gouverné par la nature ; il en est, pour ainsi dire, le père, l'éducateur et le nourricier ; il alimente et soutient toutes choses, comme ses propres membres et les parties respectives de son être. Si donc la nature gouverne ces diverses parties, il faut bien admettre qu'elle gouverne aussi le monde lui-même. Ce gouvernement, d'ailleurs, n'offre rien de répréhensible ; car, étant donnée la nature des divers éléments qui composent l'univers, il en a tiré le meilleur parti possible.

87. Nous attendons la démonstration qu'il eût été possible de faire mieux. Mais personne jamais ne la donnera; et si quelqu'un cherche à corriger la nature, ou il fera pire, ou bien ses désirs s'étendront au delà de ce qui est possible. Puisque les diverses parties du monde ont été établies de façon qu'elles ne sauraient être ni d'un meilleur usage, ni d'une forme plus belle, voyons si leur arrangement est l'effet du hasard, ou si leur état, leur liaison si étroite, peut avoir une autre cause que l'action pondératrice de l'intelligence et de la providence divines. S'il est vrai que les œuvres de la nature sont plus parfaite que les œuvres de l'art et que l'art lui-même ne peut rien sans la raison ; comment la nature serait-elle privée de raison? Comment se ferait-il qu'à la vue d'une statue ou d'un tableau, on reconnaisse l'influence de l'art ; que le mouvement d'un navire voguant au loin sur les flots nous révèle encore l'art et la raison ; qu'à l'examen d'un cadran solaire ou d'une clepsydre, nous comprenions que c'est l'art et non pas le hasard qui indique les heures ; et qu'à la vue du monde renfermant tous les êtres, les merveilles de l'art et leurs auteurs eux-mêmes, nous puissions imaginer qu'il est dénué de sagesse et de raison ?

88. Si l'on transportait en Scythie ou en Bretagne, cette sphère merveilleuse que construisit récemment notre ami Posidonius, et dont chaque tour reproduit la révolution que le soleil, la lune et les cinq astres errants accomplissent dans le ciel chaque jour et chaque nuit ; qui douterait, dans ces pays barbares même, que la raison n'ait présidé à cet admirable travail?

XXXV. — Le berger et le navire Argo. — Le mécanisme de la nature révèle au philosophe la cause efficiente et finale du monde.

Et cependant les Épicuriens se demandent si le monde,

principe et cause de tout, est lui-même un effet du hasard, de quelque nécessité fatale, ou bien l'ouvrage d'une raison, d'une intelligence divine. Leur opinion est qu'Archimède a montré plus de génie en imitant le mouvement de la sphère, que la nature en l'imprimant, quoique la perfection de l'original révèle en beaucoup de points un art supérieur à celui de la copie.

89. Dans une de ses tragédies, Attius nous montre un berger qui n'avait de sa vie jamais vu de navire ; frappé d'admiration lorsque du haut d'une montagne éloignée il aperçoit sur la mer le vaisseau divin des Argonautes et effrayé tout d'abord à l'aspect d'un véhicule si nouveau, le pasteur s'écrie : « Cette masse énorme s'ébranle : elle « glisse en frémissant sur la mer profonde : un souffle « violent, des bruits affreux l'accompagnent : les vagues « roulent devant elle et tout autour se soulèvent impé-« tueusement d'effrayants tourbillons. Semblable à une « masse croulante, le monstre se précipite en avant : à « droite et à gauche il fait rejaillir l'onde et de son « souffle puissant, rejette les flots en arrière. Vous « croiriez voir tantôt un nuage déchiré par l'éclair, tantôt « une roche au fier sommet arrachée et entraînée par « l'effort de la tempête et la rage des vents ; tantôt « encore les gyres d'une trombe battue par les flots qui « se heurtent. C'est encore Neptune jetant sur la terre « ses effrayants désastres, ou Triton de sa fourche de « fer ébranlant les cavernes et, sous les flots qui grondent, « arrachant de ses bases le rocher immense qui du fond « des mers s'élance vers le ciel. »

Le berger hésite d'abord sur la nature de l'objet inconnu qui frappe ses regards ; puis il voit des jeunes gens, il entend les chants des rameurs :

« Ainsi, dit-il, les dauphins gais et alertes font frémir leurs évents. »

Il ajoute plusieurs autres choses encore. « Semblables « aux mélodies de la flûte de Pan, des chants harmo-« nieux viennent frapper son oreille. »

90. Comme ce berger qui croit, au premier aspect,

voir un objet inanimé et insensible, et qui, à des signes plus certains, en soupçonne bientôt la véritable nature, ainsi les philosophes furent troublés peut-être à la première vue de l'univers. Mais, plus tard, en voyant des mouvements si parfaits et si réguliers; la constance immuable et l'ordre si sage qui préside à tout, ils comprirent qu'il y a dans ce divin et céleste palais, non seulement un habitant, mais encore un maître, un régulateur suprême qui est comme l'architecte de cet immense ouvrage et de ce merveilleux monument.

XXXVI. — La terre est placée au milieu du monde; elle est complètement entourée par l'air. — Au delà se trouve l'éther, dont les astres, et en particulier le soleil, tirent leur existence. — Les astres sont utiles à la terre; mais ils ont besoin d'être dirigés pour ne pas l'embraser.

Quant aux autres, ils ne me paraissent pas même soupçonner combien est admirable le spectacle que leur offre le ciel et la terre.

91. Et d'abord, la terre, placée au milieu du monde, est entourée de tous côtés par cet élément qui nous anime et que nous respirons; c'est ce qu'on appelle l'air, nom grec, il est vrai, mais que l'usage a depuis longtemps déjà reçu dans notre langue et marqué au coin des véritables mots latins. L'air, à son tour, est enveloppé dans l'immensité de l'éther qui se compose des feux les plus élevés. Nous empruntons encore cette expression à la langue grecque et comme nous disons *aer* en latin, nous disons de même *éther*, malgré cette interprétation de Pacuvius : « Ce dont je parle, nos « compatriotes l'appellent *ciel;* les Grecs le nomment « éther; » oubliant ainsi qu'il fait parler un Grec. Mais enfin, il parle latin, et nous ne considérons pas comme appartenant à la langue grecque, les mots qu'il prononce; car le même poète dit ailleurs : « Le langage même de ce personnage nous apprend qu'il est un fils des Grecs. » Mais revenons à un sujet plus élevé.

92. Il sort donc de l'éther comme une infinité de
flammes ; ce sont les astres, dont le principal est le soleil
qui éclaire tout de sa brillante lumière ; beaucoup plus
grand, beaucoup plus vaste que la terre tout entière :
viennent ensuite les autres, tous aussi d'une grandeur
immense. Et ces feux si grands et si nombreux non seulement ne nuisent en rien ni à la terre, ni aux choses
terrestres, mais ils leur sont utiles ; et s'il se produisait
un déplacement dans leur situation, la terre serait réduite
en cendres par cette immense chaleur parce que les
astres n'auraient plus ni leur régularité, ni leur pondération ordinaires.

XXXVII. — Le monde ne peut être le résultat de la rencontre
fortuite des atomes ; ceux qui admettent cette origine n'ont
jamais levé les yeux au ciel. — Argument d'Aristote.

93. Et à ce sujet, comment ne pas s'étonner qu'il ait
pu se trouver un homme pour se persuader que certains
corps solides et indivisibles se meuvent par leur propre
force et par leur propre poids? et que du concours fortuit de ces corps il ait pu résulter un monde si parfaitement beau et si merveilleusement orné? Puisqu'il admet
la possibilité de cette coïncidence, je ne vois pas pourquoi
il refuserait de croire que les vingt-et-une lettres de l'al-
phabet, lettres d'or ou de toute autre matière, jetées
pêle-mêle et sans nombre déterminé pourraient affecter
une disposition qui présentât un sens à la lecture et
constituer, par exemple, les Annales d'Ennius : je doute
cependant que le hasard pût être assez heureux pour
rencontrer la disposition même d'un seul vers.

94. Dès lors, comment ces philosophes peuvent-ils
affirmer que de ces atomes dénués de couleur, de tout
l'ensemble des qualités appelées par les Grecs ποιότης,
privés de toute intelligence, produisent en se rencontrant
sans dessein prémédité et purement par hasard, le monde
parfait que nous voyons? ou ce qui est plus extraordinaire encore, comment peuvent-ils affirmer que la dis-

position des atomes fait à chaque instant naitre et mourir une infinité de mondes? Mais si le concours des atomes a pu produire le monde, pourquoi ne ferait-il pas un portique, un temple, une maison, une ville, ouvrages d'un moindre travail et d'une exécution plus facile? Vraiment, à les entendre discuter sur le monde d'une manière si futile, ils paraissent n'avoir jamais levé les yeux en haut pour contempler la magnificence du ciel. C'est le sujet que nous allons traiter à l'instant.

95. Aristote dit excellemment : « Je suppose des « hommes ayant toujours habité dans l'intérieur de la « terre des maisons magnifiques, admirablement éclairées, « ornées de tableaux et de statues, pourvues de tout ce « qu'on trouve en abondance chez les gens réputés « heureux; mais des hommes qui, n'étant jamais venus « à la surface de notre globe, n'ont appris que par ouï- « dire et par le bruit public, l'existence d'une volonté « suprême, d'une puissance divine. Puis, à une époque « quelconque, les abimes de la terre s'entr'ouvrent, ces « hommes s'échappent et, du fond de leur demeure sou- « terraine, parviennent aux lieux que nous habitons. « Tout à coup, la terre, la mer et le ciel apparaissent à « leurs regards ; il leur est donné de connaître la gran- « deur des nuages et la force impétueuse des vents; ils « peuvent contempler le soleil, sa grandeur et sa beauté ; « se rendre compte de cette action puissante qui fait le « jour en versant dans tout le ciel des flots de lumière; « ils voient les ombres de la nuit s'étendre sur la terre ; « puis, le ciel entier paré et parsemé d'étoiles ; la lune « croît et décroît en variant l'éclat de sa lumière pen- « dant toute l'éternité ; les corps célestes se lèvent et se « couchent et suivent un cours réglé d'une manière im- « muable; à ce spectacle, ils croiraient, sans aucun « doute, qu'il y a des dieux et que toutes ces merveilles « sont l'ouvrage de ces dieux. »

XXXVIII. — Il est impossible d'attribuer au hasard les mouvements réglés du ciel et des astres, ni l'harmonie constante qui règne en toutes choses. Nous en sommes moins frappés, parce que nous les voyons tous les jours; mais combien notre impression serait différente si, après avoir été longtemps plongés dans les ténèbres, nous revenions subitement à la lumière.

96. **Ainsi parle Aristote.** — Quant à nous, imaginons d'épaisses ténèbres, pareilles à celles dont l'éruption de l'Etna couvrit autrefois les régions voisines et telles que pendant deux jours on ne put se reconnaître d'homme à homme : lorsque, le troisième jour, le soleil parut, on se crut ressuscité. Que serait-ce, si l'on sortait de ténèbres éternelles et que l'éclat du jour nous apparût subitement? Combien le Ciel nous paraîtrait beau! Mais par suite de l'habitude journalière, nos yeux se sont faits à ce spectacle; le sentiment de l'admiration s'éteint dans notre âme et nous ne cherchons plus la cause de ce que nous voyons tous les jours : ainsi la nouveauté des choses, plus que leur grandeur, nous excite à en rechercher la raison.

97. Et qui vraiment donnerait le nom d'homme à celui qui, en présence des mouvements si exacts du ciel, de l'ordre si parfait qui règne dans les astres, de la liaison si étroite et si heureuse de toutes les parties de l'univers entre elles, refuserait cependant d'y reconnaître une cause intelligente, et oserait dire qu'un dessein si profond que nulle sagesse humaine ne peut en saisir tout le secret, n'est que l'œuvre du hasard? Quand nous sommes témoins d'un mouvement produit par quelque rouage caché, comme celui d'une sphère, d'une horloge ou d'autres appareils semblables, nous n'hésitons pas à y voir l'œuvre de la raison; et en voyant l'espace qui recouvre le Ciel, emporté tout entier dans un mouvement si merveilleux et si rapide, accomplir pour le plus grand bien et pour la conservation de toutes choses, ses révolutions annuelles avec une si parfaite constance, nous pourrions douter que ces mouvements ne soient dus, je

ne dis pas seulement à une intelligence, mais à une intelligence supérieure et divine !

98. D'ailleurs, on peut mettre de côté les recherches subtiles ; il suffit d'ouvrir les yeux et de contempler les merveilles dont nous rapportons l'établissement à la **Providence** divine.

XXXIX. — *Troisième preuve* de la Providence. — Beautés de la terre. — Splendeurs de la mer. — Qualités de l'air qui nous entoure.

Et d'abord, considérons la terre placée au centre du monde, solide, sphérique et conservant cette forme, grâce à l'action universelle et propre de la pesanteur qui s'exerce partout : vêtue de fleurs, d'arbres et de fruits, dont la quantité et la variété infinie charment les yeux sans les rassasier jamais. Ajoutez à cela des sources intarissables d'une éternelle fraîcheur ; l'eau transparente des fleuves et l'admirable verdure qui décore leurs bords ; la vaste profondeur des cavernes, l'âpreté des rochers, la hauteur menaçante des montagnes et l'immensité des plaines ; ajoutez encore les veines d'or et d'argent cachées dans les entrailles du sol et l'inépuisable trésor de ses marbres.

99. Combien d'animaux domestiques et sauvages ! que d'espèces diverses ! quel charme dans le vol et dans le chant des oiseaux ! Quels riches pàturages offerts aux troupeaux ! quelle vie dans les forêts ! Que dirai-je de notre propre espèce ; que dirai-je de l'homme chargé, pour ainsi dire, de cultiver la terre et constitué son défenseur infatigable contre la sauvage férocité des fauves qui en feraient un repaire ou contre les plantes funestes qui la changeraient en désert ; de l'homme, enfin, dont les travaux donnent aux champs, aux îles et aux rivages leur éclatante beauté en les ornant de palais et de cités ? Assurément, si les yeux, comme l'imagination, pouvaient voir l'ensemble de ces merveilles, nul ne douterait en contemplant tout le globe qu'il existe une raison divine.

100. Et la mer, quelle n'est pas sa beauté! quel aspect dans son ensemble! quelle infinité d'îles! quelle variété! quelle grâce dans la découpure de ses côtes ou le contour de ses rivages! quel nombre immense d'animaux! que d'espèces diverses! les uns qu'elle cache sous ses flots; d'autres qui se balancent mollement et nagent en liberté; d'autres enfin que l'écaille en naissant a fixés aux rochers! La mer elle-même, comme si elle désirait s'unir à la terre, vient jouer sur le rivage, au point que ces deux éléments paraissent n'en faire plus qu'un seul.

101. Au-dessus de la mer et limité par ses eaux, l'air diversement coloré par le jour et la nuit; tantôt répandu librement dans l'espace et rendu plus léger, est emporté vers les hautes régions; tantôt, condensé, il se forme en nuages et, recueillant les vapeurs, il se change en pluie et augmente les produits de la terre; tantôt s'écoulant de côté et d'autre, il fait naître les vents. C'est lui qui, chaque année, ou plus froid ou plus chaud, fait les différentes saisons; lui qui soutient les oiseaux dans leur vol et, dirigé dans les voies respiratoires, nourrit et conserve les animaux.

XL. — Spectacle donné par le mouvement du Soleil qui détermine le retour du jour et de la nuit; réjouit la terre par sa présence ou l'attriste par son absence. — Description de la révolution et des éclipses de la Lune; — son influence sur la terre. — Mouvements des étoiles en général.

Reste le dernier élément du monde; celui qui est le plus éloigné de nos demeures; resserrant dans son enceinte et retenant par son énergie tout ce qu'embrasse le monde: c'est l'éther et c'est là que les globes de feu accomplissent d'une manière si admirable une carrière déterminée.

102. Parmi ces globes, le Soleil dont la grandeur surpasse de beaucoup celle de la terre, tourne autour d'elle. En se levant et en se couchant, il fait le jour et la nuit; tantôt il s'approche de nous, tantôt il s'en éloigne, faisant

ainsi chaque année deux mouvements contraires à partir d'un point extrême. Dans l'intervalle de ces révolutions, il semble tour à tour contracter la terre et la plonger dans la tristesse, puis, lui rendre la joie et la faire sourire en même temps que le ciel.

103. La Lune qui, suivant les démonstrations des mathématiciens est plus grande que la moitié de la terre, se meut dans les mêmes régions que le Soleil. Tantôt marchant avec lui et tantôt s'en écartant, elle renvoie à la terre avec des variations d'éclat, la lumière qu'elle a reçue du Soleil. Lorsqu'elle se trouve placée sous le Soleil et en opposition avec lui, elle en obscurcit la lumière et les rayons; mais si elle tombe dans l'ombre de la terre lorsqu'elle est à l'opposite du Soleil, cette dernière s'interposant en ligne droite entre elle et cet astre, elle s'éclipse tout à coup. Dans ces mêmes espaces, les étoiles que nous appelons errantes font de même leur révolution autour de la terre et ont pareillement leur lever et leur coucher. Leur mouvement tantôt s'accélère et tantôt se ralentit; parfois même il s'arrête complètement.

104. Rien de plus étonnant qu'un pareil spectacle; rien de plus beau. — Vient ensuite la multitude innombrable des étoiles fixes : on les a représentées sous divers symboles et elles tirent leur nom de certaines figures connues qui offrent avec leur disposition certaine ressemblance.

XLI. — Description des constellations d'après le poème d'Aratus. — Leur étude.

Et ici, Balbus me regardant : « Je me servirai, dit-il, des vers d'Aratus que vous avez traduits fort jeune encore; comme ils sont en latin, je leur trouve un si grand charme que j'en ai retenus un très grand nombre. » — Ainsi donc, comme nous le voyons sans cesse de nos yeux, sans aucun changement et sans aucune variation,

« Les autres corps célestes sont entraînés d'un mouvement rapide et le ciel lui-même les emporte jour et nuit dans sa révolution. » A cette contemplation nul ne peut rassasier son âme, s'il est désireux d'observer la constance de la nature.

« La double extrémité de l'axe est appelée pôle. » C'est autour de lui que se meuvent les Ourses qui ne se couchent jamais.

« Chez les Grecs, l'une d'entre elles s'appelle Cynosure, « l'autre a le nom d'Hélice. »

Nous voyons toutes les nuits ses brillantes étoiles que les nôtres appellent ordinairement *Septem Triones* (les Sept bœufs de labour).

106. Avec le même nombre d'étoiles et semblablement groupées, Cynosure, la plus petite, parcourt la même région du ciel :

« Pendant les ténèbres de la nuit, les Phéniciens, au « milieu des mers, la suivent comme un guide fidèle. « Mais l'une, avec son groupe d'étoiles brille davantage « et apparaît aux premières ombres de la nuit ; l'autre est « petite ; mais l'usage des matelots la préfère, parce que « le cercle qu'elle décrit étant plus près du pôle, est d'une « moindre étendue. »

XLII. — Étude des constellations en particulier.

Et pour rendre plus merveilleux encore l'aspect de ces étoiles,

« Entre-elles, semblable à un fleuve au rapide tour-« billon, serpente le Dragon au terrible regard, se re-« pliant au-dessus et au-dessous d'elles et formant avec « son corps flexible des orbes sinueuses. »

107. Son corps tout entier est d'un brillant aspect, mais il faut remarquer surtout la forme de la tête et l'éclat de ses yeux.

« L'ornement de sa tête ne se borne pas à l'éclat d'une « seule étoile ; un double feu fait distinguer ses tempes ; « dans ses yeux farouches étincellent deux flammes et « son menton resplendit sous les rayons d'un astre : sa « tête est baissée et recourbée sur un cou flexible ; vous diriez qu'elle fixe la queue de la Grande-Ourse. »

108. Le reste de son corps est visible toute la nuit :

« Mais une partie de sa tête disparaît subitement là où
« se confondent l'instant de son lever et celui de son
« coucher et réunissent les deux parties. »

A la tête du Dragon

« Touche une image triste et fatiguée qui suit ses mou-
« vements. »

« Et que les Grecs appellent Engonasis, parce qu'elle
« marche appuyée sur ses genoux. C'est là que se trouve
« placée la Couronne, remarquable par son éclat. »

109. Elle apparaît vers le dos de la figure ; près de là
se tient le Serpentaire

« A qui les Grecs ont donné le nom brillant d'Ophiu-
« chos. Il presse de ses deux mains le monstrueux Ser-
« pent qui, lui-même l'enlace de ses tortueux anneaux
« et serrant l'infortuné par le milieu du corps, ramène
« les replis au-dessous de la poitrine. L'Agenouillé se
« tient ferme, cependant, et pèse lourdement sur les
« yeux et le ventre du Scorpion. »

A la suite des sept Trions se trouve

« Arctophylax qu'on appelle communément le Bouvier,
« parce qu'il pousse devant lui la Grande Ourse qu'on
« dirait attelée au timon. »

110. Voici les constellations qui suivent : « Après le
« Bouvier et fixée sous sa poitrine, une étoile aux rayons
« éclatants : c'est Arcturus au nom célèbre. »

Sous ses pieds, passe

« La Vierge dont le corps resplendissant tient l'Epi
« lumineux. »

Il est hors de doute que les astres ont été ainsi distribués, pour que leur admirable ordonnance fasse éclater
à nos yeux la sagesse divine.

XLIII. — Même sujet.

« Sous la tête de l'Ourse, vous pourrez apercevoir le
« couple des Gémeaux ; sous son ventre est placé le
« Cancer ; à ses pieds, se tient le formidable Lion qui
« lance de son corps une flamme tremblottante. »

Le Cocher,

« En partie dérobé à la gauche des Gémeaux. En face
« de lui se montre la tête de l'Hélice qui lui lance des
« regards effrayants ; sur son épaule gauche est fixé
« l'astre brillant de la Chèvre. »

Et, ajoute Aratus,

« Sa lumière puissante est douée d'un grand éclat ;
« mais les Chevreaux ne laissent tomber sur la terre que
« des feux amoindris. »

A ses pieds :

« Le Taureau aux cornes puissantes, appuie son corps
« robuste. »

111. Sa tête est parsemée d'étoiles nombreuses : « les
« Grecs appellent ordinairement ces étoiles les Hyades »
d'un mot qui signifie *pleuvoir* ; car le mot ὕειν à la
même signification que *pluere*. Nous avons un langage
moins poli ; nous les nommons les Petites Truies, comme
si ces corps tiraient leur nom des porcs et non pas de la
pluie. Céphée, les mains étendues, marche derrière le
plus petit des sept Trions : car il s'incline dans le groupe
des Ourses, vers le dos de Cynosure. »

Devant lui marche,

« Avec son cortège d'étoiles d'une faible lueur, Cas-
« siopée. Près d'elle, la triste Andromède au corps étin-
« celant se dérobe aux rayons de sa mère. Pégase, agi-
« tant sa crinière brillante, touche de son ventre la tête
« d'Andromède : entre ces deux figures on voit une
« étoile qui joint les deux astres et cherche à les unir
« par des nœuds éternels : non loin de là est fixé le
« Bélier avec ses cornes recourbées. »

Près de lui,

« Les Poissons, dont l'un précédant l'autre, est atteint
« davantage par les souffles glacés de l'Aquilon. »

XLIV. — Même sujet.

112. « Aux pieds d'Andromède se dessine Persée, qui de
« ces régions élevées reçoit les chocs violents du fougueux
« Aquilon. Près de son genou gauche et rangées tout au-

« tour, on peut voir les Pléïades avec leur faible lumière.
« Près d'elles est fixée la Lyre dont on aperçoit la légère
« courbure : puis, un oiseau, le Cygne dont les ailes cou-
« vrent dans le ciel une vaste étendue. »

Tout près de la tête de Pégase, le Verseau montre sa
droite et bientôt se découvre la constellation tout entière.

« Non loin de là, tirant de sa robuste poitrine un souffle
« glacé, moitié homme et moitié brute, le monstrueux
« Capricorne apparaît sur une zone immense. Le soleil
« après l'avoir revêtu d'une lumière impérissable,
« détourne son char et s'incline vers les régions de
« l'hiver. »

113. On peut contempler ensuite « dès qu'il se montre
« et, du fond de l'horizon, émerge dans les régions
« élevées, le hideux Scorpion : la force indomptable de sa
« queue entraîne dans sa course l'arc bandé du Sagit-
« taire ; qui voit, trop loin de lui, se déployer le Cygne
« à l'éclatant plumage ; dans le voisinage du Cygne,
« plane l'Aigle au corps de feu. »

Puis le Dauphin.

« Et ensuite le brillant Orion dont le corps repose obli-
« quement dans le ciel. »

114. Il est suivi du

« Chien brûlant, constellation fameuse par l'éclat res-
« plendissant de ses étoiles. »

Vient ensuite le Lièvre,

« Dont le corps infatigable ne suspend jamais sa course ;
« vers la queue du Chien, Argo se précipite en glissant
« sur le ciel ; le Bélier la couvre ainsi que les Poissons
« au corps couvert d'écailles et effleurant de leur poi-
« trine brillante les rives du Grand Fleuve,

Que l'on voit au loin couler en serpentant.

« On aperçoit aussi les gigantesques Lions qui retien-
« nent les Poissons en les serrant par la queue ; ensuite,
« non loin du Scorpion, tout près de sa tête radieuse,
« est l'Autel que les Zéphyrs du midi caressent de leur
« souffle. »

A sa suite, le Centaure « s'avance et se hâte de joindre

« aux Pinces du scorpion ce qu'il tient du cheval. Sa
« main droite qu'il étend soutient un quadrupède énorme ;
« il s'avance et, d'un air farouche, s'incline vers l'Au-
« tel étincelant ; là, des régions infernales, s'élève
« l'Hydre »

Dont le corps étendu couvre un large espace.

« Au milieu de ses plis étincelle une Coupe brillante ;
« l'extrémité de sa queue touche un Corbeau à l'éclatant
« plumage, qui la déchire de son bec. Sous les Gémeaux
« se trouve le précurseur du Chien ; il porte chez les
« Grecs le nom de Procyon. »

115. Et tout cet arrangement des astres, tout ce merveilleux ornement du ciel serait produit par des corps
qui errent en désordre et se rencontrent suivant les capri-
ces du hasard ! Pour quel homme sensé, serait-ce une
opinion vraisemblable ? ou bien, quelle force étrangère
privée d'intelligence et de sagesse a pu former des choses qui, non seulement, ont exigé la raison pour venir à
l'existence, mais dont la nature ne saurait être pleinement comprise, sans un suprême effort de la raison
elle-même.

XLV. — Ce qui est encore plus grand que ce spectacle, c'est
la stabilité du monde lui-même, la pondération de ses divers
éléments ; ce sont les lois de la gravitation suivant les-
quelles ils sont distribués.

C'est là sans doute un spectacle admirable ; mais ce
qui est vraiment grand, c'est de voir dans le monde une
si grande stabilité, et dans l'union de ses diverses parties
une si grande conspiration pour sa durée qu'il est impossible d'imaginer un moyen plus parfait.

Toutes ces parties, en effet, venant de toutes les direc-
tions converger vers un centre commun, sont sollicitées
par une force égale. On sait que la cause principale de
l'union permanente des corps, c'est un lien quelconque
qui les entoure et les serre ; or, voilà précisément ce que
fait la nature qui, répandue dans le monde entier, cause

intelligente et raisonnable de tous les êtres, entraîne et fait tout converger des extrémités vers le centre.

116. C'est pourquoi, s'il est vrai de dire que le monde est sphérique et que toutes ses parties, grâce à cette forme, soumises en tous sens à un même équilibre, se soutiennent par cette force intime et sont unies entre elles, il doit en être de même pour la terre. Entre chacun des éléments qui tendent vers un centre commun (et dans une sphère, ce centre commun est le point le plus bas) — il ne doit y avoir aucune solution de continuité qui puisse troubler l'effort harmonieux de la gravitation et de la pesanteur. Par la même raison, la mer qui se trouve au-dessus de la terre, aspirant néanmoins au centre, s'arrondit et se concentre également de tous côtés et ne regorge ni ne déborde jamais.

117. Or, l'air qui lui est contigu est, en vertu de son moindre poids, entraîné vers les régions élevées, mais il se répand toutefois dans toutes les parties de l'univers ; ainsi, d'une part, il se joint à la mer dont il forme, pour ainsi dire, le prolongement, et d'autre part, sa nature l'entraîne vers le ciel dont la pureté et la chaleur le modifient et lui donnent ce principe salutaire et vital qu'il fournit ensuite aux animaux. Cette région extrême du ciel qu'on appelle éthérée, reçoit donc l'air dans son sein ; en retient la chaleur subtile et pure désormais de tout mélange étranger et s'ajoute à sa limite extrême.

XLVI. — Les astres habitent la partie la plus pure de l'éther et se nourrissent des vapeurs de la terre. — Hypothèse de la destruction et de la rénovation du monde. — Les planètes elles-mêmes, malgré leur nom d'astres errants, participent à l'harmonie générale des mouvements du monde.

C'est dans cet élément de l'éther que les astres accomplissent leurs révolutions ; eux aussi par la direction de leurs propres efforts se concentrent et se soutiennent ; leur forme même, leur configuration particulière équilibre dans tous leurs points les éléments qui les composent ; ils ont, en effet, la forme sphérique, à laquelle, comme je crois l'avoir dit, aucune force ne peut nuire.

118. Les astres sont de leur nature des corps ignés ; ils tirent donc de la terre, de la mer, de l'élément liquide, en général, les vapeurs dont ils se nourrissent et que le soleil fait monter des champs et des eaux qu'il échauffe. Nourris et restaurés par cet aliment, les astres et l'éther tout entier les renvoient sur la terre pour les en tirer de nouveau, de telle sorte qu'il ne se perd presque rien de cette humidité ou seulement une très faible partie qui est consumée par le feu des astres ou la flamme de l'éther. C'est ce qui a fait penser à quelques Stoïciens, — tout en avouant les doutes de Panétius sur ce point, — qu'à la fin des temps, il doit se produire pour le monde un embrasement universel. Cet événement aura lieu, quand toute humidité ayant disparu, la terre ne pourra plus se nourrir, ni l'air se reformer, puisque l'eau étant complètement épuisée, il serait impossible de trouver désormais la matière qui la produit. Dès lors, il ne restera plus que le feu qui, étant animé, étant dieu, opérera la rénovation du monde et donnera une nouvelle naissance à la même beauté.

119. Je ne veux pas paraître m'arrêter trop longtemps sur les astres, sur ceux-là, en particulier, que l'on est convenu d'appeler errants et dont les mouvements si complètement dissemblables font naître cependant une harmonie si parfaite. Ainsi, pendant que Saturne, le plus éloigné d'entre eux, répand le froid autour de lui, Mars, qui se trouve au milieu, produit une chaleur intense, Jupiter qui les sépare, illumine sa région et modère l'excès des deux autres. Les deux étoiles qui se meuvent en dehors de Mars, obéissent au Soleil, tandis que le Soleil lui-même remplit tout l'univers de sa lumière et que la Lune qui lui emprunte sa clarté, fait remarquer son influence sur les grossesses, donne aux accouchements une heureuse issue et en détermine l'opportunité.

Cette intime liaison des êtres, ces éléments du monde si étroitement unis et formant pour le conserver un si

merveilleux concert, produisent une telle impression
que pour n'en être point touché, il faut certainement
n'avoir jamais réfléchi sur aucun de ces sujets.

XLVII. — Les choses terrestres ne manifestent pas une moins
grande intelligence. — Les racines, — l'écorce, — l'instinct
des plantes ; — la variété et l'instinct des animaux, montrent clairement la sagesse infinie qui préside à l'univers.

120. Si vous le voulez, passons maintenant des choses
célestes aux choses terrestres. Y trouverez-vous rien qui
ne mette au grand jour l'action d'un être intelligent ?
Commençons par les plantes qui doivent leur naissance à
la fécondité de la terre ; la tige qui les soutient assure
leur stabilité, et elle tire du sol les sucs dont se nourrissent la racine et les parties qui en dépendent ; l'écorce
et le liber s'étendent sur les troncs et les garantissent
ainsi de la chaleur et du froid.

De son côté, la vigne au moyen de ses tendrons, saisit
ses tuteurs comme avec des mains et s'élève pareille aux
animaux. On dit même que si des choux sont plantés
dans son voisinage, elle s'en éloigne comme d'une chose
pernicieuse et nuisible et n'en touche aucune partie.

121. Et si l'on considère les animaux, quelle immense
variété ! quelle merveilleuse organisation pour le but
fondamental de la conservation de l'espèce ! Les uns sont
couverts de peau, les autres revêtus de poils, les autres
hérissés de piquants ; nous voyons les uns couverts de
plumes et les autres d'écailles ; les uns sont ornés de
cornes ; d'autres enfin trouvent dans leurs ailes des ressources pour la fuite. De plus, la nature prépare aux
animaux une large et abondante pâture et pour chacun
d'eux celle qui lui convient. Je pourrais montrer par une
analyse complète, quels sont dans les diverses espèces
d'animaux les organes destinés à prendre la nourriture ;
quel art ingénieux et subtil préside à leur disposition ;
combien est admirable la structure de leurs membres.
Tout ce qui est dans l'intérieur de leur corps est fait, est

placé de telle façon que rien n'est superflu, rien n'est inutile pour la conservation de la vie.

122. En outre, la nature a donné aux animaux le sentiment et l'appétit, afin que l'un dirige leurs efforts dans la recherche de leur nourriture naturelle et que par l'autre ils puissent distinguer les aliments nuisibles des aliments salutaires. Les uns vont à la pâture en marchant, d'autres en rampant; d'autres en volant et d'autres en nageant ; les uns prennent leur nourriture avec la gueule ou même avec les dents; d'autres la saisissent avec des ongles tenaces, d'autres encore avec des becs recourbés; les uns la sucent et les autres la broutent; d'autres la dévorent et d'autres la mangent. Enfin, on en trouve d'une taille si petite que leur bec atteint facilement à terre pour y saisir la proie.

Ceux qui sont d'une taille plus élevée, comme les oies, les cygnes, les grues, les chameaux, ont à leur aide un long cou et à cause de la grandeur de son corps, qui lui rendrait difficile l'accès à la pâture, l'éléphant a reçu de la nature une espèce de main.

XLVIII. — Force et ruses des animaux pour se procurer leur nourriture. — Sociétés animales. — Instincts.

123. Quant aux animaux dont la nourriture consiste en bêtes d'une autre espèce, la nature leur a donné la vitesse ou la force. Il en est même qui sont doués d'un certain génie inventif et d'une véritable industrie. Ainsi, parmi les araignées, les unes tissent une espèce de filet afin d'anéantir ce qui s'y laisse prendre; d'autres observent à la dérobée, saisissent la proie qui tombe et la dévorent.

La pinne, comme l'appellent les Grecs, mollusque pourvu d'une coquille à deux valves, fait avec la squille une sorte de société pour se procurer sa nourriture; dès que, en nageant, les petits poissons ont pénétré dans sa coquille béante, avertie par une morsure de sa compagne, elle la comprime aussitôt. Ainsi ces petites bêtes d'une espèce très différente, cherchent en commun leur nourriture.

124. On se demande avec curiosité si c'est par une espèce d'accord entre eux ou bien dès leur origine, par la nature même, que s'établit cette association. On trouve aussi quelque chose d'extraordinaire dans les animaux aquatiques qui naissent sur la terre. Ainsi, les crocodiles, les tortues de rivière et certaines espèces de serpents qui nés hors de l'eau, cherchent à s'y précipiter dès qu'ils peuvent se soutenir. Il y a plus : nous faisons souvent couver par des poules des œufs de cane ; les poules nourrissent d'abord les petits qui en sortent et les petits canards qu'elles ont couvés et fait éclore, ne les distinguent point de leur véritable mère ; mais plus tard, dès qu'ils ont pu apercevoir l'eau, leur séjour naturel, ils les abandonnent et les fuient pour suivre leur attrait ; tant est puissant chez les animaux le soin vigilant qu'ils ont reçu de la nature pour leur propre conservation !

XLIX. — Suite de l'étude sur les instincts des animaux.

J'ai lu aussi qu'il y a un oiseau du nom de platalée, qui, pour chercher sa nourriture, suit de près les oiseaux qui plongent dans la mer. Lorsqu'ils en sortent après avoir saisi quelque poisson, il se précipite sur eux, les mord à la tête et ne les lâche point qu'ils n'aient cédé leur proie dont il s'empare lui-même. Ce même oiseau, dit-on, a coutume de se remplir de coquilles et après leur avoir fait subir par la chaleur de son estomac, une sorte de cuisson, il les rend et choisit parmi elles ce qui est bon à manger.

125. On dit que sur les bords de la mer, les grenouilles marines se couvrent de sable et s'agitent près de l'eau ; au moment où les poissons s'approchent d'elles comme d'un appât, ils sont pris et dévorés.

Il y a comme une guerre naturelle entre le milan et le corbeau et partout où l'un rencontre les œufs de l'autre, il les brise.

Parmi les nombreuses observations qu'a faites Aristote sur les animaux, il en est une qui ne peut manquer d'exciter l'étonnement. Lorsque les grues se dirigent vers des climats plus chauds et traversent les mers, elles se groupent en forme de triangle; elles dirigent contre l'air qu'elles fendent, la pointe d'un angle; et, sur les deux autres côtés, se servant, comme de rames, de leurs ailes qui battent, elles allègent ainsi la fatigue du vol. La base du triangle formé par la bande, est aidée par les vents qui la prennent en poupe et les dernières grues reposent sur le dos de celles qui précèdent leur tête et leur cou. Celle qui dirige la troupe ne peut point le faire, puisqu'elle n'a rien devant elle où trouver un appui; aussi passe-t-elle en arrière pour se reposer à son tour : une de celles qui ont déjà pris du repos vient prendre sa place et cet ordre successif est conservé pendant tout le voyage.

Je pourrais rapporter un grand nombre de faits de ce genre; mais vous en voyez la note commune.

126. D'ailleurs, tout le monde sait parfaitement, avec quel soin les animaux se gardent eux-mêmes; avec quelle circonspection ils prennent leur pâture; avec quelle habileté ils se cachent dans leur gîte.

L. — Les animaux emploient pour se soulager dans leurs maladies des remèdes que le génie des médecins n'a découverts que bien longtemps après. — Leurs moyens de défense.

Et combien n'est-il pas merveilleux de voir pratiqués par les animaux ces moyens de médication découverts récemment, c'est-à-dire il y a quelques siècles, par le génie des médecins; de voir les chiens se guérir par le vomissement; l'ibis d'Égypte au contraire par les purgatifs. J'ai ouï dire que les panthères, qui se prennent dans les pays barbares avec de la viande empoisonnée, ont un remède dont elles se servent pour échapper à la mort.

Lorsque les chèvres sauvages de l'île de Crète ont été percées de flèches envenimées, elles cherchent une plante appelée *dictame* qui fait tomber ces flèches de leur corps, dès qu'elles en ont goûté.

127. Les biches, peu de jours avant de mettre bas, se purgent fortement avec une petite plante que l'on nomme *séselis*.

Nous savons, d'autre part, comment les animaux, chacun avec les armes qui lui sont propres, se défendent contre la force et la crainte. Le taureau a ses cornes ; le sanglier, ses défenses, et le lion, ses dents : les uns se défendent par la fuite, les autres en se cachant ; la sépia répand sa liqueur noire ; la torpille engourdit ; un grand nombre d'insectes chassent leur ennemi par une puanteur intolérable.

LI. — La Providence a pourvu ainsi à ce que le monde ne fût jamais privé de sa parure, en donnant aux plantes et aux animaux la faculté de se reproduire. — Instinct merveilleux de l'animal pour la conservation de son espèce.

Mais afin que la beauté du monde fût éternelle, la Providence des dieux a pris un grand soin d'assurer pour toujours l'existence aux différentes espèces d'animaux, aux arbres et à toutes ces plantes qu'une tige profonde sustente par la terre. Il y a, en effet, dans chaque être animé, une semence si féconde, qu'un seul individu peut en former plusieurs. Cette semence, en ce qui concerne les plantes, est renfermée dans le cœur des fruits, qu'elles produisent chacun selon son espèce et elle est assez abondante pour servir en même temps à nourrir les hommes et à couvrir la terre des mêmes productions qu'elle renouvelle sans cesse.

128. Comment parler de la profonde sagesse qui dirige l'instinct pour assurer la perpétuité des animaux dans la propagation de leur race ? D'abord, la nature a voulu dans sa prévoyance ingénieuse que les uns fussent mâles et les autres femelles. Ensuite, il y a dans leur corps des parties admirablement organisées pour la conception et la génération ; enfin, le mâle et la femelle ont un désir

merveilleux de s'accoupler. Quand le germe a pénétré dans la partie préparée par la nature, il attire à lui presque toute la nourriture et, dans sa mystérieuse retraite, se transforme et devient animal. Aussitôt qu'il s'est détaché du sein de la mère, si le nouvel animal doit être allaité, presque toute l'alimentation est absorbée par la mère et se transforme en lait et les nouveau-nés, sans le secours d'aucun maître et par la seule direction de la nature cherchent la mamelle dont l'heureuse abondance rassasie leur appétit. Et pour que nous comprenions bien qu'il n'y a là rien de fortuit, mais que tout y est l'œuvre d'une nature prévoyante et industrieuse, les animaux qui produisent des petits en grand nombre, comme les truies et les chiennes, ont reçu aussi des mamelles en grand nombre, tandis qu'il y en a peu chez les animaux qui produisent peu.

129. Comment dire l'admirable tendresse que montrent les bêtes dans la garde et l'éducation de leur progéniture, jusqu'au moment où les petits sont en état de se défendre eux-mêmes ? On dit, il est vrai, que les poissons abandonnent leurs œufs aussitôt qu'ils sont déposés ; mais l'eau les soutient aisément et le petit animal n'a point de peine à sortir.

LII. — **Soins donnés à l'éclosion des œufs ; éducation des petits.** — Certaines espèces d'animaux et de plantes demandent les soins de l'homme. — Contrées privilégiées directement fertilisées par la nature : le Nil, l'Euphrate et l'Indus.

On dit aussi que les tortues et les crocodiles, aussitôt après avoir déposé leur ponte, cachent leurs œufs dans la terre et s'éloignent ensuite ; ainsi leurs petits naissent et s'élèvent d'eux-mêmes. Mais les poules et les autres oiseaux, quand ils veulent pondre, cherchent un endroit tranquille, préparent une sorte de lit et construisent des nids qu'ils garnissent le plus mollement qu'ils peuvent afin de conserver plus facilement leurs œufs. Lorsque les petits sont éclos, ils les protègent en les réchauffant sous leurs ailes s'ils redoutent pour eux les atteintes du froid, et les dérobent aux rayons du soleil si la chaleur est trop grande. Dès que les jeunes peuvent se servir de leurs ailerons, la mère attentive accompagne leur vol, et n'a plus désormais aucun autre souci.

130. Les soins et l'industrie de l'homme complètent ceux de la nature pour conserver à quelques animaux et à certaines productions de la terre une heureuse prospérité. Il est même un grand nombre d'animaux et de plantes qui ne pourraient vivre sans les soins qu'ils reçoivent de nous. D'autre part, les hommes trouvent en abondance pour leur agrément et pour leur opulence les facilités les plus diverses dans les divers pays. Le Nil arrose l'Egypte et après l'avoir couverte et inondée pendant tout l'été, se retire et laisse les champs amollis et engraissés pour les semences. La Mésopotamie est fertilisée par l'Euphrate, qui, chaque année, lui apporte, pour ainsi dire, de nouveaux champs. L'Indus, qui est le plus grand de tous les fleuves, non seulement féconde et ameublit les champs, mais encore il les ensemence : on dit, en effet, qu'il apporte avec lui une grande quantité de semences pareilles à celles du froment.

131. Je pourrais montrer encore bien des faits remarquables et variant suivant les régions et faire voir dans de nombreuses terres, une même fertilité produisant des fruits tout différents.

LIII. — L'action bienveillante de la Providence se manifeste partout et de mille manières différentes; l'homme et les animaux participent à ses bienfaits. — Cependant le monde est fait pour les créatures raisonnables : les dieux et les hommes.

Mais qu'elle est grande cette bonté de la nature qui donne dans ses productions des aliments si nombreux, si variés, d'un goût si agréable et à des époques différentes de l'année, pour que l'attrait de la nouveauté se joigne toujours à l'abondance. Avec quel à propos elle fait naître les vents étésiens dont l'influence est salutaire, non seulement aux hommes, mais à tous les animaux et à toutes les productions de la terre : leur souffle agréable tempère l'excès de la chaleur et grâce à eux encore la navigation devient plus rapide et plus sûre. Je passerai sous silence bien des détails et cependant l'énumération sera fort longue encore.

132. Il est impossible, en effet, de passer en revue tous les avantages des fleuves ; de dire l'action mutuelle des eaux de la mer qui s'attirent et se repoussent tour à tour, les montagnes si bien parées et les bois qui les couvrent ; les salines que l'on est étonné de voir si éloignées du rivage des mers ; les remèdes précieux que la terre fournit en si grande abondance ; enfin les arts innombrables d'où nous tirons pour notre nourriture et le soutien de la vie un secours nécessaire. Le retour alternatif du jour et de la nuit conserve les hommes et les animaux, en déterminant ainsi le temps de leur travail et celui de leur repos. De toutes parts et avec toute raison, s'impose donc la conclusion que tout dans l'univers est admirablement gouverné par une intelligence et une sagesse divine, pour le salut de tous les êtres et leur conservation.

133. Et, à ce sujet, on me demandera peut-être pour qui a été mis en mouvement cet immense appareil de l'univers ? Est-ce pour les arbres ou pour les plantes ? qui, à la vérité, privées de sentiment subsistent cependant par les forces de la nature. Cela paraît absurde. — Pour les bêtes ? Il n'est pas plus probable que les dieux aient accompli un si merveilleux travail pour des brutes muettes et privées d'intelligence ! Pour qui donc, dirons-nous, a été fait le monde ? Pour les êtres animés, sans aucun doute, mais qui sont raisonnables. C'est dire pour les dieux et les hommes, les plus parfaits et les meilleurs des êtres puisque rien ne l'emporte sur la raison. Il est donc à croire que les dieux et les hommes sont la cause finale du monde et de tout ce qu'il renferme.

LIV. — La structure du corps humain est un témoignage éclatant de la Providence des dieux à l'égard de l'homme. — Organes des fonctions essentielles : nutrition et respiration.

On comprendra bien plus facilement encore que la Providence des dieux immortels s'exerce sur le genre humain, si l'on considère avec soin la structure de l'homme et la perfection de la forme qui fait de la nature humaine une nature à part.

134. En effet, les animaux, pour vivre, ont besoin de trois choses : ils doivent manger, boire et respirer ; or, la bouche de l'homme admirablement organisée pour toutes ces fonctions, trouve encore dans le concours des narines le moyen d'augmenter la quantité d'air qu'elle respire. En elle est renfermé l'appareil des dents qui lui servent à mâcher, à triturer et à broyer les aliments. Parmi elles, les dents de devant qui sont pointues divisent la nourriture ; celles qui sont au fond de la bouche et qu'on appelle molaires achèvent de la broyer et la langue paraît aider à la perfection de cette opération.

135. A la racine de la langue elle-même est´ soudé l'œsophage, où tombe tout d'abord ce qui vient de la bouche. Il touche de part et d'autre les amygdales et se termine à l'extrémité du palais ; après avoir reçu les aliments que les mouvements et le jeu de la langue poussent et précipitent, il les fait descendre plus bas. Dans ce trajet de la nourriture, l'œsophage se dilate dans sa partie inférieure et se contracte au contraire dans les parties supérieures.

136. Un autre canal, la trachée-artère (pour me servir du terme usité en médecine) a son orifice joignant les racines de la langue, un peu au-dessus de l'endroit où celle-ci s'attache à l'œsophage ; elle s'étend jusqu'aux poumons, reçoit l'air que le souffle y conduit, le ramène et le rend au dehors quand il sort des poumons. Aussi est-elle protégée par une espèce de couvercle qui a pour but de fermer ce conduit aux parcelles de nourriture qui

pourraient y tomber et de laisser ainsi au jeu de la respiration toute sa liberté. L'estomac, qui fait suite à l'œsophage étant le réservoir de la nourriture et de la boisson, et l'air y arrivant du dehors par les poumons et le cœur est d'une structure merveilleuse et qui se compose presque uniquement de tissus nerveux. Il a plusieurs membranes, se replie sur soi-même, comprime et garde tous les aliments reçus, qu'ils soient secs ou qu'ils soient humides, pour les digérer et les transformer. Tantôt il se resserre, tantôt il se dilate et tout ce qu'il a reçu est alors mêlé et confondu, afin que sa forte chaleur s'unissant à l'action de l'air, triture et digère toutes ces substances et leur permette de se distribuer ensuite dans le reste du corps.

LV. — Les poumons, les intestins et le foie; — veines et artères; — les os et les nerfs.

Quant aux poumons, leur substance rare, molle, assez semblable à celle des éponges les rend très propres à la respiration. Tantôt ils se resserrent pour aspirer, tantôt ils se dilatent pour respirer, afin de rendre plus fréquente l'introduction de l'air, cet aliment respirable et le plus important de tous dans la nutrition animale.

137. Des intestins où il se sépare du reste de notre nourriture, notre véritable suc nourricier pénètre dans le foie par certains vaisseaux qui allant directement du mésentère à ce que l'on nomme les portes du foie aboutissent à ce viscère auquel ils sont adhérents. De là partent dans une autre direction, d'autres conduits par où chemine la nourriture émiettée par le foie. Ce qui reste des aliments après que la bile et les humeurs sécrétées par les reins ont été séparées, se change en sang et afflue vers les portes du foie, centre commun de tous les vaisseaux de cet organe. C'est par eux que la nourriture accumulée d'abord dans le foie se répand ensuite dans une veine appelée *cave* et après avoir subi une préparation finale et une dernière digestion, est conduite au

cœur par cette veine même; le cœur enfin la distribue dans tout le corps au moyen d'une infinité d'autres veines qui aboutissent à toutes ses parties.

138. De quelle manière le résidu des aliments est-il chassé au-dehors par les contractions et les dilatations alternatives des intestins ? cela ne serait point difficile à dire ; il vaut mieux, toutefois, le passer sous silence pour n'infliger à notre discours aucune inconvenance. Expliquons plutôt cette autre admirable industrie de la nature. L'air que la respiration introduit dans les poumons s'échauffe tout d'abord par cette respiration même et ensuite par le contact avec les poumons. De cet air, une certaine quantité est renvoyée par le souffle, une autre pénètre dans cette partie du cœur qu'on appelle ventricule ; à ce dernier s'en joint un second tout semblable où la veine cave conduit le sang au moyen des veines et l'air au moyen des artères. Les unes et les autres, serrées et nombreuses, se croisant dans tous les tissus, témoignent de l'incomparable génie qui met dans cet ouvrage son adresse divine.

139. Que dirai-je des os placés sous tout le reste de la substance du corps? que dirai-je de leurs articulations admirables, si bien faites pour assurer la stabilité du corps et donner à ses membres l'élégance de la forme ; si parfaitement accommodées à tous les mouvements et à toutes les actions physiques ? Ajoutez-y les nerfs en qui réside la force musculaire, dont l'entrelacement s'étend par tout le corps et qui, en tirant leur origine et en partant du cœur, comme les veines et les artères, se répandent partout et dans toutes les parties de l'organisation.

LVI. — La stature de l'homme et la place qu'occupent dans son corps les organes de ses sens indiquent sa noblesse et le soin particulier que la Providence prend de lui.

140. A cet éloge de la Providence qui veille sur le monde avec tant de diligence et une habileté si consommée, nous pourrions ajouter beaucoup et montrer

plus clairement encore l'étendue et l'excellence des dons
que l'homme a reçus des dieux. Ainsi, la Providence n'a
pas voulu que nous fussions courbés vers la terre, mais
nous a donné une taille haute et droite afin que la contemplation du ciel pût nous conduire à la connaissance
des dieux. Les hommes, en effet, tiennent à la terre, non
pas comme ses habitants ou ses hôtes, mais comme les
spectateurs des merveilles célestes et des choses d'en
haut, spectacle qui n'appartient à aucune autre espèce
d'animaux. Les sens, interprètes et messagers de ce qui
est hors de nous, et dont l'organisation correspond si
parfaitement à tous nos besoins, ont été admirablement
placés dans la tête comme dans une citadelle élevée. Les
yeux, comme des sentinelles, occupent la plus haute
place; de là, planant sur un plus grand nombre d'objets,
ils peuvent remplir leur fonction.

141. Quant aux oreilles, destinées à percevoir le son
qui, de sa nature, tend à monter, c'est avec raison qu'elles
ont été fixées dans la partie supérieure de la tête. Il en
est de même des narines qui pour une raison semblable
ont une place analogue : l'odeur, en effet, se dirige toujours en haut; de plus, comme elles ont un grand rôle à
remplir dans le discernement du boire et du manger, ce
n'est pas sans motif qu'elles se trouvent près de la
bouche.

Le goût qui doit nous faire apprécier la qualité des
aliments que nous prenons, réside dans cette partie de
la bouche où la nature a marqué le trajet des substances
aptes à nous nourrir et à nous désaltérer.

Le tact est répandu également par tout le corps, afin
que nous soyons sensibles à tous les chocs et aux moin-
dres atteintes du froid et du chaud. Enfin, comme les
architectes dans leurs constructions éloignent de la vue
et de l'odorat du maître, les égoûts de la maison qui
offrent toujours quelque chose de repoussant, ainsi la
la nature a éloigné de nos sens les objets de ce genre.

LVII. — Etude particulière des sens. — Perfection des sens
de l'homme comparée à celle des animaux.

142. Et quel autre ouvrier que la nature avec son
habileté suprême, aurait pu suivre et réaliser dans la
formation de nos sens un plan d'une si ingénieuse perfection? C'est elle qui a étendu sur nos yeux comme un
vêtement protecteur, ces membranes si délicates ; elle
leur a donné la transparence, afin que nous puissions
voir à travers, et assez de fermeté pour contenir tout
l'appareil. De plus, les yeux sont mobiles et peuvent
glisser dans leur orbite, ce qui leur permet d'éloigner
d'eux toute influence nuisible et de régler à volonté la
direction du regard ; la partie où se trouve la force de la
vue et qu'on appelle la pupille, est si petite qu'elle évite
facilement ce qui pourrait la blesser. Les paupières, qui
sont les couvertures protectrices des yeux, ont au toucher
une douceur extrême pour ne pas blesser la délicatesse
de l'organe ; leur admirable organisation nous permet
avec la même facilité de découvrir la pupille ou de la
fermer à tout accès nuisible, et ce mouvement, grâce à
des soins prévoyants, peut à chaque instant s'exécuter
avec la plus grande célérité.

143. Les paupières elles-mêmes sont pour ainsi dire
fortifiées comme par une palissade de poils, grâce auxquels, si les yeux sont ouverts, tout ce qui pourrait
tomber sur eux, se trouve repoussé. Si, au contraire, ils
cèdent au sommeil, comme alors nous n'en avons pas
besoin pour y voir, ils sont en quelque sorte doucement
enveloppés et peuvent se reposer avec sécurité. C'est,
d'ailleurs, fort utilement que les yeux sont cachés et que
des parties plus élevées les protègent de tous côtés. D'a-
bord, la région supérieure, garnie de sourcils, les pré-
serve de la sueur qui découle de la tête et du front ;
ensuite, dans la région inférieure, ils sont garantis par
les joues situées au-dessous d'eux et légèrement proémi-
nentes. Le nez est placé de manière à former entre les

deux yeux comme une espèce de mur de séparation.

144. Quant à l'ouïe, elle est toujours ouverte ; car, même pendant le sommeil, nous avons besoin d'elle et nous sommes réveillés par les sons qui l'ont frappée. L'ouïe a des contours sinueux, pour que rien ne puisse y pénétrer ; ce qui ne manquerait pas d'arriver, si ses conduits étaient droits et unis ; la nature a même prévu le cas où quelque insecte tenterait d'y entrer, car il se prendrait aux sécrétions des oreilles comme à la glu. A l'extérieur, se voit une partie saillante et que l'on appelle proprement l'oreille ; son but est d'entourer l'organe et de le protéger ; c'est grâce à elle que les sons ne se dissipent point et ne prennent pas une fausse direction, avant d'avoir frappé l'oreille. L'entrée est dure et remplie de nombreuses sinuosités ; son apparence est cornée parce que les corps de ce genre renforcent les sons qu'ils réfléchissent. C'est ainsi que dans la lyre on emploie pour augmenter la résonnance l'écaille ou la corne et que les sons réfléchis par des canaux tortueux ou renfermés, acquièrent plus d'ampleur.

145. Les narines qui sont toujours ouvertes à cause des continuels services qu'elles nous rendent, ont aussi l'entrée assez étroite pour ne permettre à rien de nuisible de pouvoir y pénétrer et leur constante humidité leur donne un excellent moyen de chasser la poussière ou un grand nombre d'autres corps étrangers.

Le goût est admirablement protégé ; il a son siège dans la bouche et cette disposition favorise notre usage aussi bien que sa propre conservation. D'ailleurs, l'appareil des sens de l'homme est bien supérieur à celui des animaux.

LVIII. — Services délicats que nous rendent les sens et en particulier les yeux et les oreilles, qui peuvent juger non seulement des choses physiques, mais encore des choses morales.

Ainsi, dans les arts dont ils sont juges, comme la peinture, la sculpture et la ciselure, les mouvements du corps réglés par la cadence et la pantomime, les yeux, pour commencer par eux, distinguent avec plus de finesse un grand nombre de détails ; ils apprécient même l'harmonie des couleurs, la proportion et, pour ainsi dire, la convenance des formes. Bien d'autres choses plus délicates encore ne leur échappent point ; car ils démêlent le vice et la vertu ; ils lisent dans l'homme la colère ou la bienveillance ; la joie ou la douleur ; le courage ou la lâcheté ; la timidité ou l'audace.

146. Il en est de même pour l'oreille qui, avec un goût d'une perspicacité extraordinaire, apprécie dans les sons de la voix et dans les vibrations musicales de l'air et des cordes, la variété des tons, les intervalles et la différence du timbre ; elle distingue les diverses sortes de voix ; la claire et la sourde ; l'aigre et la douce ; la voix grave et l'aiguë ; la voix souple et la voix dure ; nuance qui n'est saisie que par l'oreille humaine.

L'odorat, le goût et le tact sont pareillement doués d'un remarquable discernement et on a même inventé pour charmer ces sens, pour en jouir pleinement, plus d'arts que je ne voudrais. Tout le monde sait, en effet, jusqu'où l'on est allé dans la composition des parfums, dans l'art d'assaisonner les aliments ou de séduire par les charmes du corps.

LIX. — L'intervention divine paraît d'une manière beaucoup plus évidente encore dans les facultés intellectuelles de l'homme. — L'éloquence : dispositions physiques de l'homme pour l'art de la parole.

147. Considérons maintenant l'âme et l'intelligence de l'homme, son discernement, sa prudence et sa raison ; celui qui n'y reconnaîtra point l'œuvre accomplie d'une providence divine, me semble manquer de ces facultés mêmes.

Ayant à traiter un pareil sujet, je voudrais, Cotta, qu'il me fût donné d'avoir votre éloquence. Quel champ merveilleux pour votre parole ! avec quel éclat ressortirait d'abord notre faculté de comprendre ; celle de lier les conséquences aux principes et d'en faire ensuite une vaste synthèse ! Par là, même dans l'ordre purement intelligible nous rattachons à chaque cause l'effet qui lui est propre ; nous donnons de chaque chose en particulier une définition exacte ; nous en indiquons les limites précises ; de là aussi, la science dont on comprend, dès lors, la nature et les qualités véritables, et telle qu'on ne peut trouver dans Dieu lui-même un attribut plus parfait.

Et quelle prérogative, —quoique vous l'infirmiez, vous, Académiciens, et que vous cherchiez à la détruire, — que de pouvoir, par le moyen des sens et de l'entendement, percevoir et saisir dans son ensemble, le monde extérieur !

148. De toutes ces connaissances réunies en faisceau et comparées entre elles, se sont formés les arts, dont les uns servent aux besoins et les autres aux charmes de la vie.

Mais passons à la souveraine du monde, pour parler votre langage ordinaire, à l'éloquence avec tout son ascendant. Quelle beauté ! quelle chose divine ! C'est elle qui nous permet d'apprendre ce que nous ignorons et d'enseigner aux autres ce que nous savons nous-mêmes ; c'est par elle aussi que nous exhortons, par elle que nous persuadons ; c'est elle qui console les affligés ; elle bannit les terreurs de ceux qui tremblent et modère le transport de ceux qu'exalte la joie ; par elle nous éteignons les feux de la colère et des autres passions ; c'est elle encore qui fonda les sociétés humaines en nous liant par le droit, les lois et l'habitation commune ; c'est elle, enfin, qui put nous arracher à la vie farouche des sauvages.

149. L'usage de la parole, si l'on y prête une attention particulière, nous montrera combien est grande et presque incroyable, l'industrie de la nature qui nous l'a procuré. En effet, il y a, d'abord, depuis les poumons jusqu'au fond de la bouche, une artère par où la voix dont le principe est dans notre esprit, se transmet et se

répand. Ensuite, dans la bouche elle-même est placée la langue retenue par les dents. C'est par elle que la voix d'abord confuse et sans mesure, se module et se règle ; elle rend les sons distincts et fermes en les brisant contre les dents et contre les autres parties de la bouche. Voilà pourquoi les Stoïciens comparent la langue à un archet, les dents à des cordes et les narines à la corne qui dans l'exécution musicale, fortifie les sons de l'instrument.

LX. — La main. — Excellence qu'elle indique dans l'homme et supériorité qu'elle lui assure.

150. D'autre part, quels instruments parfaits pour les arts les plus divers ; quels serviteurs intelligents l'homme a trouvés dans les mains que lui donna la nature ! Les doigts se plient facilement ; ils s'étendent avec la même facilité, sans aucune gêne dans leur mouvement, grâce à la délicatesse de leurs jointures et à la flexibilité de leurs articulations. Aussi, qu'il s'agisse de peindre, de mouler, de sculpter, de faire jaillir des sons des cordes d'une lyre ou de les tirer d'une flûte, le secours de ses doigts rend la main propre à tout. Voilà pour l'agrément.

Il en est de même pour ce qui est nécessaire ; je veux dire : cultiver les champs ; bâtir des maisons ; tisser ou coudre ce qui doit couvrir nos corps ; travailler de toute façon le cuivre et le fer. Ainsi, en ajoutant aux inventions de l'esprit, aux perceptions de nos sens, les travaux exécutés par la main des ouvriers, nous possédons tout pour être à couvert, pour être vêtus et défendus ; nous avons des villes, des remparts, des maisons et des temples.

151. C'est encore par son travail, c'est-à-dire par ses mains, que l'homme trouve dans ses aliments, l'abondance et la variété. La main de l'homme, en effet, arrache à la terre ces productions nombreuses que nous consommons aussitôt ou que nous faisons vieillir dans nos greniers ; de plus, par la chasse ou par la domestication, les animaux terrestres, les animaux aquatiques et

les oiseaux deviennent une partie de notre nourriture.
Les quadrupèdes domptés servent à nos transports et
leur vitesse et leur force nous apportent à nous-mêmes
une nouvelle force et une nouvelle vitesse. Nous avons
des animaux pour nos fardeaux, d'autres pour recevoir
le joug ; la nature même se détourne de ses voies en
faisant servir à nos besoins les sens exquis de l'éléphant
ou la sagacité des chiens. Nous arrachons des entrailles
de la terre, le fer nécessaire pour cultiver nos champs :
le cuivre, l'argent et l'or nous découvrent leurs gisements
profonds pour se façonner à notre usage ou donner à
notre luxe l'éclat de leur parure ; la coupe des bois, tout
le bois cultivé par nos soins ou qui croît spontanément
dans les forêts nous fournissent du feu, soit pour ré-
chauffer notre corps et cuire nos aliments soit pour
construire nos maisons dont l'enceinte nous protége
contre les rigueurs du froid ou l'incommodité de la chaleur.

152. Nous y trouvons aussi le précieux avantage de
construire ces navires dont les courses lointaines nous
amènent de tous les points du globe ce qui est utile à
l'abondance de la vie; les éléments que la nature a faits
les plus impétueux, comme les vents et l'Océan livrent à
nous seuls, grâce aux merveilles de la navigation, le
secret de modérer leur violence, et nous assurent ainsi
la jouissance et l'usage d'un grand nombre des productions de la mer. Nous sommes également les maîtres
absolus de tous les avantages que procure la terre; nous
jouissons des plaines ; nous jouissons des montagnes; les
fleuves sont à nous, à nous les lacs; nous semons les
graines et nous plantons les arbres; nos irrigations fé-
condent le sol; nous arrêtons les fleuves, nous les diri-
geons, nous les détournons; de nos mains, enfin, nous
essayons de faire dans la nature une nature nouvelle.

LXI. — La raison. — C'est par elle que l'homme acquiert les connaissances scientifiques et les notions morales qui le mettent au-dessus de l'animal.

153. Mais quoi! la raison de l'homme n'a-t-elle pas pénétré jusqu'au ciel? Seuls parmi les animaux, nous connaissons le lever des astres, leur coucher et leurs courses: c'est l'homme qui a mesuré d'une manière exacte le jour, le mois et l'année; c'est lui qui a prévu les éclipses du soleil et de la lune: lui qui les a prédites pour l'avenir, a dit leur nature, leur grandeur et leur durée-

C'est par ces considérations que son âme s'est élevée jusqu'à la connaissance des dieux, source de la piété, compagne inséparable de la justice et des autres vertus. Et alors, se lève pour nous une vie vraiment heureuse, une vie semblable à celle des dieux, ou plutôt leur égale; puisque rien, si ce n'est l'immortalité — nullement nécessaire, d'ailleurs, à la perfection morale, — ne met l'homme au-dessous des habitants du ciel.

Après cette exposition, je crois avoir assez démontré combien la nature de l'homme l'emporte sur celle des autres animaux. Il faut donc reconnaître que ni sa conformation ni la disposition de ses membres, ni la puissance de son intelligence et de son génie ne peuvent être l'effet du hasard.

QUATRIÈME PARTIE

(LXII-LXVII) — SOINS DE LA PROVIDENCE
POUR L'HOMME EN PARTICULIER

LXII. — Tout dans le monde a été fait pour charmer l'intelligence et les yeux de l'homme. — Le monde est la patrie commune des hommes et des dieux.

154. Il me reste à faire voir, pour terminer cette longue démonstration, que tout ce qui est dans le monde à notre usage, a été fait et préparé pour l'homme.

D'abord le monde lui-même a été fait pour les dieux et les hommes ; et tout ce qu'il renferme, a été préparé et imaginé pour l'avantage particulier du genre humain. Le monde, en effet, est pour ainsi dire, le séjour commun des hommes et des dieux, la cité des uns et des autres ; car ils sont les seuls qui vivent d'après les lois et le droit. Ainsi donc, comme il est naturel de penser qu'Athènes et Lacédémone ont été bâties pour les Athéniens et les Lacédémoniens, et que tout ce qu'elles renferment peut être légitimement considéré comme appartenant à ces peuples, de même aussi, nous devons regarder tout ce qu'il y a dans le monde, comme la vraie propriété des dieux et des hommes.

155. Les révolutions du soleil, de la lune et des autres corps célestes, tout en étant le résultat de la force mécanique du monde, servent encore de spectacle aux hommes et aucun ne saurait offrir de plus persévérants attraits. Rien n'est plus beau ; rien ne peut élever davantage la raison et le génie ; car c'est en mesurant leurs courses que nous connaissons l'époque précise du terme des saisons, leurs différences et leurs successions. Et s'il est vrai que cette connaissance est l'unique partage des hommes, il faut bien avouer aussi que ces merveilles sont faites pour lui.

136. Et la terre, dont la fécondité répand avec une si large profusion les fruits et les légumes de tout genre, pour qui paraît-elle produire de préférence ? pour les hommes ou pour les bêtes sauvages? Que dirai-je de la vigne et de l'olivier, aux fruits si abondants et d'un goût si exquis et auxquels, cependant, les animaux privés de raison ne touchent même pas ? Les brutes, en effet, ne savent ni semer, ni cultiver ; ils ne connaissent ni l'époque de couper les fruits, ni celle de les recueillir ; ils ignorent l'art de semer la récolte et de la mettre en réserve : l'homme seul peut profiter de toutes ces productions et leur donner le soin qu'elles réclament.

LXIII. — L'homme et les animaux jouissent de la terre, mais l'homme en jouit comme un maître. — Bien plus, les animaux sont faits pour lui, et les services qu'il en retire sont la raison de leur existence.

157. Comme nous disons que la lyre et la flûte sont faites pour ceux qui peuvent s'en servir, ainsi les bienfaits dont je viens de parler furent incontestablement préparés pour ceux-là seuls qui savent en user. Il est bien vrai que les animaux en dérobent ou en saisissent furtivement quelque chose, mais il n'en résulte pas que ce soit fait pour eux. Ce n'est pas en effet, pour les rats et les fourmis que les hommes mettent le froment dans leurs greniers, mais pour leurs femmes, pour leurs enfants, pour leurs familles. Les bêtes, ainsi que je l'ai dit, le prennent en voleurs et à la dérobée ; les hommes en maîtres, publiquement, librement.

158. On est donc forcé de l'admettre ; c'est pour les hommes que toutes ces richesses ont été préparées avec tant de soin. Comment ces fruits si abondants et d'une si grande variété ; qui flattent non seulement le goût, mais encore l'odorat et la vue, pourraient-ils laisser soupçonner que la nature ait pensé à d'autres qu'aux hommes, en prodiguant ces magnifiques présents?

Bien loin que ces bienfaits aient eu pour objet les

animaux, c'est pour nous-mêmes, au contraire, que les
animaux ont été faits. A quoi servent les brebis, par
exemple, si ce n'est à donner la laine dont les tissus
habilement préparées fournissent à l'homme ses vêtements? bien plus, les brebis pourraient-elles se nourrir
et se conserver; pourraient-elles, sans le travail ou la
sollicitude protectrice de l'homme, nous donner d'elles-
mêmes ce que nous en retirons? Et le chien? sa garde si
fidèle, son amour pour son maître et ses flatteries si ca-
ressantes; sa haine si vive contre les étrangers; l'incroyable finesse de son odorat et sa merveilleuse
sagacité pour découvrir les traces; son ardeur si vive à
la chasse; que signifient-ils autre chose, sinon qu'il est
fait pour le service de l'homme?

159. Que dirai-je du bœuf? La conformation de son
dos montre clairement qu'il n'est pas façonné pour
porter des fardeaux, tandis que son cou est né pour le
joug; la puissance de ses épaules et la largeur de ses
flancs, pour tirer la charrue. Aussi, dans l'âge d'or,
comme parlent les poètes, lorsque les efforts vigoureux
des bœufs fendaient la terre et broyaient la glèbe, jamais
on ne porta sur eux une main violente. « Mais ce fut
« l'homme de fer qui, paraissant soudain, osa le premier
« forger une lame fatale et porter sur le taureau une
« main criminelle, le charger de chaînes, le soumettre
« à son empire et se nourrir de sa chair. » On avait de
l'utilité du bœuf une si haute opinion que manger de sa
chair passait pour être un crime.

LXIV. — Certains animaux nous donnent une chair si déli-
cieuse que la Providence elle-même semble être épicurienne ;
d'autres nous fournissent des remèdes pour nos maladies
ou des signes pour pénétrer l'avenir.

160. Il faudrait de longs développements pour dire
toutes les aptitudes des ânes et des mulets, destinés
cependant d'une manière évidente à l'usage de l'homme.
Et quelle utilité peut avoir le porc, sinon d'être un ali-

ment? En lui, suivant le mot de Chrysippe, l'âme n'est que du sel, pour l'empêcher de se corrompre. Comme cet animal fournit à la nourriture de l'homme une chair excellente, il n'en est pas à qui la nature ait donné une plus grande fécondité. Parlerai-je de la multitude des poissons? du goût exquis de leur chair? parlerai-je des oiseaux? ils sont pour nous l'occasion d'un si grand plaisir qu'on serait tenté parfois de croire notre Providence épicurienne. On dira peut-être que les oiseaux ne pourraient pas être pris sans les inventions de la sagesse et de l'industrie humaine, encore qu'il soit raisonnable de penser que quelques-uns d'entre eux, les oiseaux de vol et de chant, comme les appellent nos augures, ont été créés en vue de la divination.

161. Mais si de là nous passons aux bêtes sauvages, et aux animaux féroces que nous livre la chasse, nous voyons que la nature les a faits pour qu'ils nous servent de nourriture, ou d'exercice pour l'art militaire dont la chasse est une image. Domptés et apprivoisés, nous les plions à nos usages, comme les éléphants; nos maladies et nos blessures trouvent dans leur corps, comme dans certaines plantes ou quelques herbes, ces remèdes qu'une longue expérience et des essais répétés nous ont appris depuis longtemps à estimer.

Ainsi, que votre esprit, comme dans un vaste coup d'œil, embrasse toute l'étendue de la terre et des mers ; vous verrez de vastes espaces couverts de fruits ; des plaines immenses, des montagnes revêtues d'épaisses forêts, des pâturages pour les animaux et sur l'Océan, des navires fendant les flots avec une incroyable rapidité.

162. Et non seulement à la surface de la terre, mais dans ses plus intimes et ses plus ténébreuses profondeurs, se cachent un grand nombre de choses utiles qui faites seulement pour l'usage des hommes, sont aussi trouvées seulement par le génie de l'homme.

LXV. — **La divination, que nous la considérions comme un art ou comme une faculté naturelle, est une des plus grandes preuves de la Providence des dieux en notre faveur. — L'universalité de la divination est une preuve de sa vérité.**

Mais il est un point que tous les deux, peut-être, vous accablerez de vos critiques ; vous, Cotta, parce que Carnéade se faisait un plaisir d'invectiver contre les Stoïciens ; vous, Velléius, parce qu'il n'y a rien qui excite davantage l'humeur railleuse d'Épicure. C'est la prédiction de l'avenir qui me paraît cependant la plus éclatante confirmation de la Providence des dieux dans les choses humaines. Or l'existence de la divination est incontestable ; nous la voyons apparaître dans une foule d'endroits, à des époques très diverses et pour des objets différents ; dans les affaires privées, comme dans celles de l'État.

163. Que de choses discerne le regard des Aruspices ! Souvent aussi les Augures les prévoient. Combien d'événements sont manifestement annoncés par les oracles ! combien d'autres par les vaticinations ! Que de révélations dans les songes ! que d'avertissements par les prodiges ! Cette connaissance providentielle fut souvent pour les hommes le moyen de faire tourner à leur avantage ou au gré de leurs désirs une affaire incertaine et d'éloigner une infinité de périls. Ce pouvoir merveilleux qui livre la science de l'avenir, qu'on le doive, d'ailleurs, aux pratiques d'un art ou à la nature même est donc certainement le partage de l'homme et n'est donné qu'à lui par les dieux immortels.

LXVI. — Les dieux s'occupent non seulement du genre
humain, en général, mais encore des hommes en particulier.
Les dieux veillent, en effet, sur cette grande île que nous
appelons la terre ; ils veillent donc aussi sur chacune de ses
parties, sur les villes qu'elles renferment et les hommes
qui les habitent. — Les dieux, toutefois, ne prennent soin
que des grandes choses ; — les accidents ne prouvent rien
contre la Providence.

164. Ce n'est pas seulement, du reste, à l'universalité
du genre humain, mais encore à chaque homme en particulier que s'étend la vigilante protection d'un dieu qui
ne meurt pas. On peut, en effet, considérer le genre
humain, d'abord dans son ensemble et descendre ensuite
par degrés à des groupes moins nombreux, pour arriver
enfin à chaque individu. Et si pour les raisons que nous
avons développées plus haut, les dieux veillent sur tous
les hommes en quelque lieu qu'on les suppose ; sur quelque rivage, en quelque endroit de la terre qu'ils se trouvent ; à quelque distance qu'ils soient de la partie du con-
tinent que nous habitons nous-mêmes ces mêmes ; dieux
doivent veiller sur les hommes qui, de l'Orient à l'Occident, occupent la même région que nous.

165. Mais si la protection céleste se fait sentir aussi sur
ceux qui vivent ici-bas, dans cette île immense et que nous
appelons le globe terrestre, elle ne saurait oublier ceux
d'entre nous qui ont leur séjour dans les différentes parties de cette île, l'Europe, l'Asie et l'Afrique. Les dieux
prodiguent donc aussi le même amour aux divisions de
ces parties : Rome, Athènes, Sparte, Rhodes ; et, dans
ces villes mêmes, à chacun de leurs habitants en particulier. C'est Curius, Fabricius et Coruncanius dans la
guerre de Pyrrhus ; Calatinus, Duellius, Métellus et Lu-
tatius dans la première guerre punique ; dans la seconde,
Maximus, Marcellus et Scipion l'Africain ; plus tard à
Paul Émile, Gracchus et Caton et, si nous en croyons le
souvenir de nos pères, Lélius et Scipion qu'ils aiment

et protègent. En outre, notre République et la Grèce ont produit en grand nombre des hommes célèbres ; et nous ne croyons pas qu'un seul d'entre eux ait pu parvenir à ce point de grandeur, sans le secours d'un dieu.

166. Ce n'est pas une autre considération qui a porté les poètes, et surtout Homère, a faire accompagner chacun des principaux héros, Ulysse, Diomède, Agamemnon, Achille, par un dieu déterminé qui partagerait avec lui ses aventures et ses dangers. D'ailleurs, en daignant se rendre eux mêmes présents à nos yeux, comme je l'ai rappelé plus haut, les dieux montrent bien qu'ils s'intéressent aux états et à chacun des hommes ; enfin, les présages qui nous dévoilent si clairement l'avenir, tantôt pendant la veille et tantôt pendant le sommeil, suffiraient aussi pour nous en convaincre. Combien de fois encore ne sommes nous pas avertis par des prodiges! combien de fois par les entrailles des victimes et par une foule d'autres choses à qui les remarques d'une longue expérience ont donné la force des pratiques divinatoires!

167. Personne ne fut jamais un grand homme sans un souffle divin. Ce n'est point réfuter nos théories, que de nous dire : Cet homme a vu ses moissons et ses vignes ravagées par la tempête; une catastrophe enlève à son existence quelques-uns de ses charmes; cet homme, la victime de ces accidents, est odieux à Dieu; il est négligé de Dieu. Les dieux! ils s'occupent des grandes choses et négligent les petites.

Du reste, pour les grands hommes, tout est toujours prospère, si nos sages du Portique et Socrate, le prince de la philosophie, ont eu raison dans ce qu'ils ont dit sur les ressources de la vertu et les avantages qu'elle renferme.

LXVII. — Balbus adjure Cotta de mettre son éloquence au
service des idées qu'il vient d'exprimer.

168. Telles sont à peu près les idées qui me venaient
à l'esprit au courant de la discussion, et ce que je crois
devoir dire sur la nature des dieux.

Mais vous, Cotta, si vous m'en croyez, défendez la
même cause; considérez que vous êtes l'un de nos principaux citoyens, songez que vous êtes pontife; et puisque
vos principes vous laissent défendre les deux opinions
opposées, attachez-vous de préférence à la mienne. Les
exercices de rhétorique vous ont donné le secret d'une
discussion éloquente et l'Académie a fortifié en vous ce
talent naturel; c'est là que vous devez tourner ses
efforts. C'est une coutume mauvaise et impie que de
parler contre les dieux, qu'on le fasse avec conviction ou
par un jeu d'esprit.

FIN.

TABLE DES MATIÈRES

QUATRIÈME PARTIE.

Soins de la Providence pour l'homme en particulier.

(LXII-LXVII.)

11770. — PARIS. IMPRIMERIE F. LEVÉ, RUE CASSETTE, 17.

CLASSE DE PHILOSOPHIE
SECTION DES LETTRES

PROGRAMME OFFICIEL

CLASSE DE PHILOSOPHIE : Cours de philosophie. — Explication d'auteurs philosophiques. — *Introduction*. La science; les sciences; la philosophie. — Objet et division de la philosophie. — *Psychologie*. Objet : Méthode : classification des faits. — Sensibilité. — Intelligence. — La volonté. — *Logique*. — Logique formelle. — Logique appliquée. *Morale*. Principes de la morale. — Les devoirs. — *Éléments de métaphysique*. — *Notions sommaires sur les principales doctrines philosophiques* — Devoirs : Dissertation française. — AUTEURS FRANÇAIS. — DESCARTES : *Discours de la méthode. Les Principes de la philosophie* (liv. I). — MALEBRANCHE : *De la Recherche de la Vérité* (livre II). De l'imagination, première partie, ch. I et V; deuxième et troisième parties en entier. — PASCAL : *De l'autorité en matière de philosophie; — De l'esprit géométrique; — Entretien avec M. de Sacy*. — LEIBNIZ : *Nouveaux Essais sur l'entendement humain*, avant propos et liv. I. — *Monadologie*. — CONDILLAC : *Traité des Sensations*, liv I. — V. COUSIN : *Le vrai, le beau et le bien*, troisième partie (*le Bien*). — Explication des auteurs latins et grecs. — AUTEURS LATINS. — LUCRÈCE : *De Natura Rerum*, liv. V. — CICÉRON : *De Natura Deorum*, liv. II. — *De Officiis*, liv. I. — SÉNÈQUE : *Lettres à Lucilius* (les seize premières). — AUTEURS GRECS : XÉNOPHON : *Mémorables*, liv. I. — PLATON. *République* (livre VI). — ARISTOTE : *Éthique à Nicomaque* (livre X). — ÉPICTÈTE : *Manuel*.

HISTOIRE : Histoire de France et histoire contemporaine, depuis 1789 jusqu'à la constitution de 1875.

SCIENCES : (*Arithmétique, Algèbre, Géométrie, Physique, Chimie, Anatomie et Physiologie animale et végétale*). — Révision des cours d'arithmétique, d'algèbre et de géométrie. — *Physique et Chimie*. — Optique. — Revision et compléments relatifs à la Physique et à la Chimie. — *Anatomie et Physiologie animales*. — Caractères généraux des êtres vivants. — Fonctions de nutrition. — Fonctions de relation. — *Anatomie et physiologie végétales*. — Caractères généraux des végétaux. — Nutrition. — Reproduction.

LANGUES VIVANTES : *Allemand ou Anglais*. — Thème oral. — AUTEURS ALLEMANDS : Morceaux choisis, d'un caractère philosophique. — GŒTHE : *Faust*, I" partie (extraits). — LESSING : *Laocoon* (extraits). Correspondance entre Schiller et Gœthe (extraits). — Extraits des historiens allemands. — AUTEURS ANGLAIS : Morceaux choisis, d'un caractère philosophique. — POPE : *Essai sur la critique*. — MACAULAY : *Essais*. STUART MILL : *La Liberté*. — Shakspeare : *Hamlet*. — Adam Smith : *Recherches sur les causes de la richesse des nations* (Extraits). — Choix de poésies contemporaines.

DESSIN.

'ses attributs, avec une notice, une étude sur la philosophie de Fénelon et des notes, par M. l'abbé J. MARTIN. Gr. in-18.......... 1 fr. 80

Leibniz. — La Monadologie, précédée d'une notice biographique sur Leibniz, sur ses travaux, ses ouvrages et d'une importante étude sur sa doctrine, texte revu et annoté par M. l'abbé J. MARTIN. Gr. in-18. 1 fr. 25

Leibniz. — Nouveaux essais sur l'entendement humain. Avant-propos et livre I, par M. J.-H. Verin (*sous presse*).

Malebranche. — De la Recherche de la vérité, (liv. II). (De l'imagination), première partie, ch. I et V; deuxième et troisième parties en entier par le R. P. LARGENT, prêtre de l'Oratoire. Gr. in-18......... 1 fr. 50

Pascal. — Opuscules philosophiques. — De l'esprit géométrique. — De l'art de persuader. — De l'autorité en matière de Philosophie — Entretien avec M de Sacy, sur Epictète et Montaigne, par M. l'abbé VIALARD, docteur en théologie, docteur en droit canonique, licencié ès-lettres. Grand in-18... 75 c.

AUTEURS LATINS.

Cicéron. — De Natura Deorum (Livre II), par M. l'abbé Rodillon Gr. in-18.   fr.

Cicéron. — De la Nature des Dieux (Liv. II). Traduction française correcte par le même. Gr. in-18.

Cicéron. — De Officiis (Livre I), par le même (*en préparation*).

Cicéron. — De Officiis (Liv. I). Traduction française correcte par le même. (*En préparation.*)

Cicéron. — De Legibus (Livre I), texte revu et annoté par un professeur de philosophie. Gr. in-18..... 75 c.

Cicéron. — Des Lois (Liv. I). Traduction française, par un professeur de philosophie. Gr. in-18.... 75 c.

Sénèque. — Lettres à Lucilius. Les seize premières, par M. l'abbé BERNIER, licencié ès lettres. (*En préparation.*)

Sénèque. — Lettres à Lucilius. Traduction française, par M. l'abbé BERNIER, licencié ès lettres. (*En prépar.*)

Sénèque. — De Vita beata. Texte revu et annoté par un professeur de philosophie. Gr. in-18.... 75 c.

Sénèque. — De la Vie heureuse. Traduction française. Gr. in-18...... 75 c.

AUTEURS GRECS.

Aristote. — La Morale à Nicomaque (Liv. VIII), par M. l'abbé J. MARTIN. Gr. in-18................. 1 fr.

Aristote. — Ethique à Nicomaque (Liv. X). Texte grec revu et annoté pour la classe de philosophie, par M. J.-H. VÉRIN, docteur ès lettres. Gr. in-18.... 60 c.

Aristote. — Ethique à Nicomaque. Liv. X, expliqué

littéralement et traduit en français avec introduction, sommaire analytique et notes, par M. J.-H. VÉRIN. Gr. in-18 .... 1 fr. 25

Epictète (Manuel d'). Texte grec (en *préparation*).

Epictète (Manuel d'). Nouvelle traduction avec une étude sur le stoïcisme et des notes par M. l'abbé A. JULIEN. Gr. in-18............ 1 fr.

Platon. — Apologie de Socrate. Texte revu et annoté par M. l'abbé MAUNOURY. Gr. in-18............. 60 c.

Platon — La République (Liv. VI) par M. ARNAUD, licencié ès lettres, ancien professeur de philosophie au collège de Tivoli à Bordeaux. Gr. in-18.......... 1 fr. 25

Platon. — La République (Liv. VI). Expliqué littéralement et traduit en français par M. C. Celles, licencié ès lettres, professeur d'humanité au collège de Tivoli à Bordeaux Gr. in-18. 1 fr. 50

Platon. — La République (Liv. VIII). Texte revu et annoté par M. l'abbé J. MARTIN. Gr. in-18. 1 fr. 40

Xénophon. — Entretiens mémorables de Socrate (Liv. I). Texte grec annoté par M. l'abbé QUENTIER. Gr. in-18... .... 60 c.

HISTOIRE ET GÉOGRAPHIE

Histoire contemporaine, par le même. 4ᵉ édition, avec 4 cartes. 2 fr. 50

Histoire de France et histoire contemporaine depuis 1789 jusqu'à la Constitution de 1875. Conforme au programme, par M. l'abbé COURVAL. In-18 jésus avec 5 cartes coloriées....... 4 fr.

Histoire de France, par le même. 12ᵉ édition. 2 vol. In-16 avec 8 cartes... 5 fr.

Histoire moderne, par le même. In-16.

PREMIÈRE PARTIE. 8ᵉ édition, avec 5 cartes........ 2 fr. 50

DEUXIÈME PARTIE. 8ᵉ édition, avec 5 cartes. 2 fr. 50

Méthode de préparation au baccalauréat, adaptée au Cours d'histoire de M. l'abbé COURVAL, et donnant, dans l'ordre du programme, la réponse à toutes les questions exigées. In-16 reliure demi-toile.... 3 fr.

Tableaux synoptiques d'histoire, par M. l'abbé M. Grisaud, professeur d'histoire à l'Institution Sainte-Marie, à la Seyne, (Var). In-8° jésus.

HISTOIRE CONTEMPORAINE (*en préparation*).

Géographie élémentaire, suivie d'un traité sur la géographie ancienne et d'un traité de cosmographie, par M. l'abbé E. C..., ancien professeur au Petit Séminaire de Séez. 6ᵉ édition. In-16 reliure demi-toile.... 3 fr.

SCIENCES

Algèbre (Cours d') à l'usage des cours de mathématiques élémentaires et des candidats au baccalauréat ès sciences, augmenté de trois cents exercices, placés à la fin sous forme de supplément, par M. l'abbé PARINET, professeur de mathématiques au Petit Séminaire de Felletin (Creuse). In-18 jésus 2 fr. 25

Arithmétique (Cours d') **théorique et pratique.** rédigé conformément aux programmes officiels et contenant un grand nombre d'exercices et de problèmes par M. l'abbé F. Parinet, professeur de mathématiques au collège de Felletin (Creuse) In-18 jésus.......... 3 fr.

Arithmétique raisonnée (Traité d'), pour les classes de la division supérieure, par M. l'abbé Desauney, licencié ès sciences, supérieur du Petit Séminaire de la Ferté-Macé. In-12 1 fr. 75

Archéologie religieuse (Cours élémentaire d'), par M. l'abbé J. Mallet, professeur au Petit Séminaire de Séez.

Première partie. *Architecture.* 3e édition. In-8° ornée de 237 figures dans le texte, broché.............. 4 fr.

Deuxième partie. *Mobilier*, In-8° orné de 130 figures dans le texte, broché...... 4 fr.

Chimie (Eléments de), avec de nombreuses figures dans le texte, contenant les matières du programme du baccalauréat ès lettres par M. l'abbé J. Loridan. Gr. in-18 jésus. 3 fr.

Cosmographie (Cours de) rédigé sur un plan nouveau, avec une carte de l'hémisphère boréal et de nombreuses figures dans le texte, par M. l'abbé E. Laurent, professeur au Petit Séminaire d'Autrey (Vosges). Gr. in-18 .... 3 fr.

Géologie (Abrégé de), par M. l'abbé Bourgeat, licencié ès sciences physiques et ès sciences naturelles, professeur aux Facultés catholiques de Lille. Gr. in-18.... 3 fr.

Géométrie (Eléments de), rédigés conformément aux programmes officiels des examens du baccalauréat ès sciences et du baccalauréat ès lettres, comprenant : un petit traité d'arpentage, un grand nombre d'exercices résolus ou à résoudre, ainsi que des notions sur les principales méthodes employées pour leur résolution, par M. l'abbé L. Carton, ancien professeur de mathématiques au collège Notre-Dame, à Valenciennes. 2e édition In-12.............. 5 fr. 50

Géométrie (Eléments de), édition rédigée spécialement pour la préparation au baccalauréat ès lettres, par M. l'abbé Carton. In-12 3 fr. 75

Solutions raisonnées des problèmes énoncés dans les deux cours de géométrie, par M. l'abbé Carton. In-12................ 6 fr.

Tableaux d'histoire naturelle. dressés conformément aux nouveaux programmes du baccalauréat ès lettres (arrêté du 22 janvier 1885), par M. l'abbé A. Tholix, professeur d'histoire naturelle à l'Institution-Sainte-Marie à la Seyne (Var). In-4°... 2 fr. 50

Histoire naturelle (Eléments d'), avec de nombreuses figures dans le texte, par M. l'abbé E. C... ancien professeur au Petit Séminaire de Séez, approuvés par Mgr l'évêque de Séez.

Zoologie. Première partie

(Anatomie et Physiologie). 3ᵉ édition, entièrement refondue d'après les nouveaux programmes. In-16. 3 fr.

ZOOLOGIE. DEUXIÈME PARTIE (Classification et Description). 3ᵉ édition. In-16, reliure demi-toile............... 2 fr. 50

BOTANIQUE. 2ᵉ édition. In-16 rel. demi-toile... 2 fr. 50

Physique (Cours élémentaire de), contenant les matières du baccalauréat ès lettres avec 285 exercices, par M. l'abbé J. LORIDAN, licencié ès sciences, professeur de mathématiques au collège St-Jean à Douai. In-18 jésus. 6 fr. 25

LANGUES VIVANTES

Grammaire allemande élémentaire, par M. l'abbé FISCHER, professeur d'allemand à Troyes, et M. l'abbé LEBEAU, professeur d'allemand à l'école Sainte-Anne à Saint-Ouen. Gr. in-18... 1 fr. 75

Méthode théorique et pratique pour apprendre la langue allemande, par M. l'abbé A. DEBLAYE, professeur au Petit Séminaire de Pont-à-Mousson. In-12.

PREMIÈRE PARTIE : *Pratique*. 3ᵉ édition......... 1 fr. 75

DEUXIÈME PARTIE : *Grammaire* 4ᵉ édition.... 2 fr.

Recueil de lectures allemandes, choisies dans les œuvres des meilleurs prosateurs et poètes, à l'usage des classes de la division supérieure, par M. l'abbé SOREAU, professeur au collège Saint-Stanislas, à Nantes. Gr. in-18........... 3 fr.

Etude de la langue anglaise, complément de la Grammaire, comprenant : 1º Un traité de prononciation; — 2º L'histoire de la formation de la langue anglaise. — 3º Un traité d'étymologie. — 4º Les principaux proverbes anglais. — 5º Un traité de versification — 6º L'histoire de la littérature anglaise, par M. l'abbé SAILLARD, ancien professeur d'anglais. Gr. in-18.................. 4 fr.

Grammaire anglaise, avec prononciation figurée par des signes phoniques, par M. l'abbé SAILLARD, In-18 jésus. .... 2 fr. 50

Cours complet de thèmes gradués sur toutes les règles de la grammaire anglaise, par M. l'abbé SAILLARD (*en préparation*).

Ces deux volumes sont rédigés de manière à offrir une étude complète de la langue anglaise au point de vue grammatical.

Versions et lectures anglaises (Cours complet de), avec la prononciation figurée au moyen de signes phoniques, par M. l'abbé L. VAN WEDDINGEN, professeur de langues modernes au collège Saint-Rombaut, à Malines. In-12.

TROISIÈME SÉRIE.... 1 fr. 60

Milton. — **Le Paradis perdu**, Liv. I et II. Texte anglais, revu et annoté par M. l'abbé JULIEN. Gr. in-18. 90 c.

Pope (Alexandre). — **Essai sur la critique.** Texte anglais, revu et annoté par M. l'abbé JULIEN. Gr. in-18................. 60 c